반응형 디자인 패턴과 원리

RESPONSIVE DESIGN: PATTERNS&PRINCIPLES
By A Book Apart
Copyright © 2015 Ethan Marcotte
Korean Translation Edition © 2020 by Webactually Korea, Inc.
All Rights Reserved.

이 책의 한국어판 저작권은 저작권자와의 독점 계약으로 웹액츄얼리코리아㈜에 있습니다.
저작권법에 의해 한국 내에서 보호를 받는 저작물이므로 무단전재와 복사ㆍ복제를 금합니다.
이 책 내용의 전부 또는 일부를 사용하려면 반드시 저작권자와 웹액츄얼리코리아의 서면 동의를 받아야 합니다.

이단 마콧

반응형 디자인
패턴과 원리
RESPONSIVE DESIGN: PATTERNS & PRINCIPLES

A BOOK APART | webactually

반응형 디자인 패턴과 원리

초판 1쇄 발행 2020년 7월 17일

지은이 이단 마콧
옮긴이 김승완
기술 감수자 최대영

펴낸이 오상준
편집 김영림
디자인 이승미

펴낸곳 웹액츄얼리코리아㈜
출판등록 제2014-000175호
주소 서울특별시 강남구 논현로 132길 31 EZRA빌딩 4층
전화 (02) 542-0411
팩스 (02) 541-0414
이메일 books@webactually.com

매거진 웹사이트 www.webactually.com
북스 웹사이트 books.webactually.com
페이스북 facebook.com/webactually
트위터 @webactually

ISBN 979-11-85885-28-5 93000

※ 잘못되거나 파손된 책은 구입하신 곳에서 교환해드립니다.
※ 정가는 뒤표지에 있습니다.

※ 이 도서의 국립중앙도서관 출판예정도서목록(CIP)은 서지정보유통지원시스템 홈페이지 (http://seoji.nl.go.kr)와 국가자료공동목록시스템(http://www.nl.go.kr/kolisnet)에서 이용하실 수 있습니다. (CIP제어번호:CIP2020026179)

한국어판 출간에 앞서

《반응형 디자인 패턴과 원리》를 한국에 선보이게 되어 기쁩니다. 반응형 디자인이 진화하면서 우리는 모바일, 태블릿, 데스크톱 등의 단순한 구분을 뛰어넘는 디자인적인 도전에 대해 생각하지 않을 수 없게 되었습니다. 작고 재사용 가능한 모듈로 구성되는 디자인 패턴을 적절히 설계하고 계획하면, 여러분의 반응형 레이아웃은 어느 때보다도 더 많은 기기와 사람들에게 도달할 수 있습니다. 이단 마콧은 반응형 내비게이션 시스템, 이미지 크기 조절 및 배치, 반응형 맥락에서의 광고 관리, 기기에 종속되지 않는 가변적인 레이아웃을 디자인하기 위한 더 포괄적인 원리 등에 초점을 맞추어, 성공적인 반응형 디자인 패턴과 원리를 제시합니다.

제프리 젤드먼, 이단 마콧

추천의 글

이단 마콧은 반응형 웹디자인을 만들어내지 않았으며, 훨씬 더 중요한 일을 했습니다. 반응형 웹디자인이라는 용어를 만들어냈습니다. 초기에 여러 전략이 여기저기에서 불쑥불쑥 튀어나올 때, 마콧은 그 가운데를 관통하는 핵심 전략을 파악했습니다. 거기에 '반응형 웹디자인'이라는 이름을 붙였고, 이름을 얻은 그 전략은 웹을 디자인하는 여러 방법 중 한 가지가 아니라 웹디자인 방법 그 자체가 되었습니다. 더 나아가 반응형 웹디자인이라는 용어는 그 방법의 확실성뿐만 아니라 용어 자체에서 명료함과 설득력이 보입니다. 덕분에 우리 분야 바깥에서도 널리 쓰는 전문 용어가 되었습니다. 이는 보기 드문 일입니다. 최근에 어떤 목수와 이야기를 나눴습니다. 그는 묻지도 않았는데 자신의 홈페이지가 반응형이 되어야 한다고 먼저 이야기했습니다.

훌륭한 이름이 가진 힘이란 바로 그런 것입니다.

이 책에서 마콧은 다시 한 번 용어를 끄집어내어 이번에는 파괴해버립니다. '페이지는 죽었습니다.' 물론 최초의 웹사이트가 온라인에 등장한 순간부터 페이지는 죽음에 가까운 운명이었지만 그래도 여러 번 다시 살아날 듯하며 오랫동안 서서히 시들어왔습니다. 5년 전《반응형 웹디자인Responsive Web Design》이 처음 출간되었을 때만 해도 웹 '페이지'를 디자인하는 것이 웹디자인의 핵심으로 간주되었습니다. 그러나 그 이후, 미묘한 변화가 일어났습니다. 우리는 페이지를 버리고 모듈화된 컴포넌트들을 다루기 시작했습니다. 인쇄 시대에서 비롯된 케케묵은 언어를 버리고 화면 속 세계로 이동하는 것에 훨씬 더 잘 대응하는 조직적인 시스템을 채택하게 되었습니다. 이전의 변화 앞에서도 그랬듯이 지금의 변화 앞에서도 우리는 두 가지 부문에서 발전해나가야 합니다. 하나는 기술적인 접근법이고 또 하나는 웹 경험을 디자인하는 데 필요한 우리의 멘탈 모델입니다. 즉 코드의 진화, 코드를 이야기할 때 사용하는 언어의 진화 이 두 부문 모두의 진화가 필요합니다.

이 책에서 마콧은 이를 모두 다루고 있습니다.《반응형 웹디자인》과 마찬가지로 이 책에서도 여러분이 당장 업무에 적용할 수 있고 현명하며 효율적인 기술적 전략들을 차근차근 설명하는 한편, 우리가 더 모듈화된 웹에 대해 생각할 수 있도록 매우 흥미로운 개념적 틀을 제시해주기도 합니다. 그리하여 페이지는 영원히 저 뒤안길로 사라지게 됩니다. 수없이 많은 기기와 화면의 조합은 셀 수도 없을 지경이니 이제야말로 때가 되었습니다.

맨디 브라운

일러두기
- 이 책의 주석은 모두 옮긴이 주다.
- 연결이 안 되는 URL은 삭제하거나 단축 주소를 새로 만들었다.
- 현 시점과 맞지 않는 내용은 삭제·수정하거나 주석을 달았다.

차례

5 | 한국어판 출간에 앞서
6 | 추천의 글

11 | chapter 1
     작은 시작

29 | chapter 2
     내비게이션

77 | chapter 3
     이미지와 동영상

117 | chapter 4
      반응형 광고

143 | chapter 5
      무한한 그리드 디자인하기

186 | 감사의 글
188 | 참고 자료
191 | 참고 URL
198 | 찾아보기

작은 시작

> 나의 불안은 미래를 생각하는 데서 비롯되지 않는다.
> 미래를 통제하고자 하는 욕망에서 비롯된다.
>
> – 휴 프레이더Hugh Prather, 《나에게 보내는 편지Note to Myself: My Struggle to Become a Person》

여러분에게 보여주고 싶은 나무 한 그루가 있다.

그 나무는 '판도Pando'에 있다. 판도는 미국 서부 유타주의 피시레이크 국유림 안에서 볼 수 있다(그림 1.1). 혹시 그 지역을 좀 안다면 피시호Fish Lake에서 남쪽으로 2~3킬로미터 떨어져 있다고 생각하면 된다. 나무를 찾아 판도를 걸어가노라면 숨이 막힐 정도로 아름다운 사시나무 수백 그루 사이를 지나가게 된다. 사시나무의 하얀 나무껍질에 손을 대면 부드럽기 그지없다. 나무 꼭대기는 가을에는 황금빛으로 풍성해지고 좀더 따뜻한 시기에는 짙은 초록으로 우거

그림 1.1 판도에 온 것을 환영한다. 우리는 매우 특별한 나무 한 그루를 찾고 있다. J. 자펠J. Zapell이 촬영했다(http://bkaprt.com/rdpp/01-01/).

진다. 이 나무들이 무척 사랑스럽기는 하지만 그래도 한두 시간쯤 헤매다보면 도대체 그 '특별'하다는 나무는 어디에 있는지, 그 나무가 있다 한들 과연 판도에 있는 수천 그루의 다른 나무보다 어떻게 더 특별할 수 있는지 궁금해질 것이다.

이제 고백하겠다. 사실 여러분에게 아주 약간, 거짓말이라면 거짓말을 했다. 판도는 숲이 아니다. 나무다. 더 구체적으로 말하자면 판도는 매우 거대한 사시나무 한 그루다.

원래 판도는 라틴어로 '퍼져나간다'라는 뜻을 지닌 단어다. 좀더 과학적으로 말하자면 판도는 '군락'으로 알려져 있다. 우리를 둘러싸고 있는 '나무'들은 실제로는 줄기다. 이 줄기들이 땅속의 거대한 뿌리 체계 하나를 공유하며 그 뿌리로부터 뻗어 나온 것이다. 판도는 무게를 전부 합하면 600만 킬로그램이고 전체 면적은 40만 제

곱미터다. 수령은 논란이 있다. 미국 국립공원관리청에서는 판도가 8만 년 이상 살았다고 하는 반면(http://bkaprt.com/rdpp/01-02/) 일부 과학자는 100만 년 가까이로 보고 있다(http://bkaprt.com/rdpp/01-03/). 어쨌든 알려진 것 중에는 판도가 지구에서 가장 크고 무겁고 오래된 유기체라는 사실에 의문의 여지가 없다.

물론 이 책은 약속하건대 반응형 디자인에 관한 책이다.

나는 판도에 관한 이야기를 아주 좋아한다. 내용 그 자체도 좋지만, 최근 수년 사이에 웹디자인 세계에서 나무보다 숲을 보기 시작했기 때문에 더 좋아졌다. 모바일 컴퓨팅이 폭발적으로 발전하면서 우리는 웹을 데스크톱 중심적으로 보는 시각이 아주 좁은 견해임을 새삼 깨닫게 되었다. 작은 화면들은 우리에게 웹이야말로 최초의 진정한 가변 디자인 매체라는 사실을 상기시켜주었다. 웹이라는 이 매체가 소화하는 방식은 브라우저, 디스플레이 해상도, 입력 유형, 기기 등의 조합을 고려했을 때 거의 무한대에 가깝다. 가변 그리드, 가변 이미지, 미디어 쿼리 등의 협력을 통해 동작하는 반응형 디자인은 유용하면서도 아름다운 방식으로 웹의 가변성을 구현할 수 있다.

얼마 전 파라벨Paravel의 트렌트 월턴Trent Walton은 자신이 반응형 디자인의 세계로 진입하게 된 과정을 설명했다. 트렌트는 가변 레이아웃을 처음에는 회의적인 시선으로 바라보았지만, 나중에는 웹에서 가장 멋진 수준에 속하는 반응형 사이트들을 디자인하게 되었다. 그는 자신의 변화 과정을 에세이로 훌륭하게 풀어냈다(http://bkaprt.com/rdpp/01-04/).

> 나는 포토샵으로 작업하던 방식을 버리고 새로운 방식을 선택했다. 가변 그리드, 가변 이미지, 미디어 쿼리 등을 활용한 방식이다. 나는 더 이상 페이지를 만들지 않는다. 페이지 대신 어떤 화면 크기에서

든 메시지를 가장 잘 전달하도록 다시 배치할 수 있는 콘텐츠 네트워크를 구축한다.

트렌트는 "더 이상 작업을 할 수 없게 되었다"가 아니라 "새로운 방식을 선택했다"라고 말한다. 그 표현이 아주 마음에 든다. 트렌트의 말은 곧, 반응형 디자인에 본래부터 가변성이 내재한다고 해서 반드시 우리가 통제권, 미학, 내러티브(서사) 등을 포기해야만 하는 것은 아니라는 의미다(그 가변성은 어쩌면 웹의 근원에 내재한 것인지도 모르겠다). 그리고 그 사실은 지난 몇 년간 쉽게 증명되었다. 비영리단체부터 언론 매체, 기업, 정부 등의 사이트에 이르기까지 화면이 아무리 크거나 작아도 사람들이 접근하는 데 문제가 없는 아름다운 반응형 사이트들이 폭발적으로 등장했다(그림 1.2-1.5).

반응형 디자인이 폭발적으로 늘어나면서 트렌트가 말한 '콘텐츠 네트워크'라는 개념이 그 어느 때보다도 큰 의미를 갖게 되었다. 사실 인쇄 업계에서 빌려온 '페이지'라는 멋진 단어의 개념은 우리 일에서 점점 의미를 잃어가고 있다. 이제는 페이지를 구축하는 게 아니라고 감히 말할 수 있다. 대신 반응형 디자인을 여러 개의 소형 레이아웃 시스템이 모인 네트워크로 생각해야 한다(그림 1.6). 트렌트 말대로 '어떤 화면 크기에서든 메시지를 가장 잘 전달하게끔 재배치가 가능한' 작은 디자인 봉투라고 할 수 있다.

예를 하나 살펴보겠다. 크기를 조절할 수 있는 브라우저에서 구글의 '검색어로 본 2014년 Year in Search 2014'을 열어보자(http://bkaprt.com/rdpp/01-14/)(그림 1.7).

창의 크기를 바꾸면서 반응형 디자인을 넓혔다가 좁혔다가 다시 넓혀보자. 브라우저 크기를 바꿀 때마다 디자인 전체가 형태를 다시 잡는 모습을 볼 수 있을 것이다. 브라우저 크기를 바꿀 때마다 그리드 기반의 가변 레이아웃은 미디어 쿼리와 협력하면서 변화하

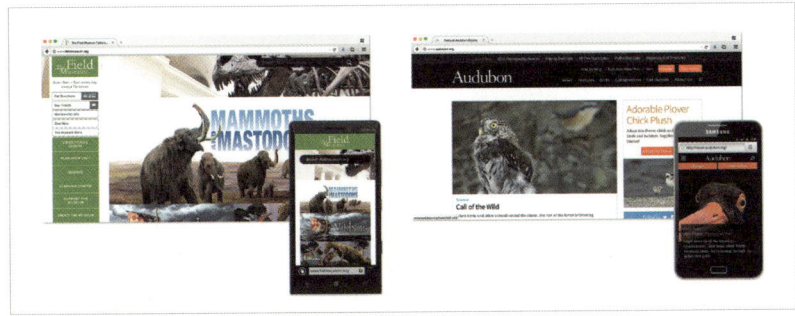

그림 1.2 필드박물관(http://bkaprt.com/rdpp/01-05/)과 국립오듀본협회(http://bkaprt.com/rdpp/01-06/)는 디자인이 잘된 비영리단체 사이트의 아름다운 예다.

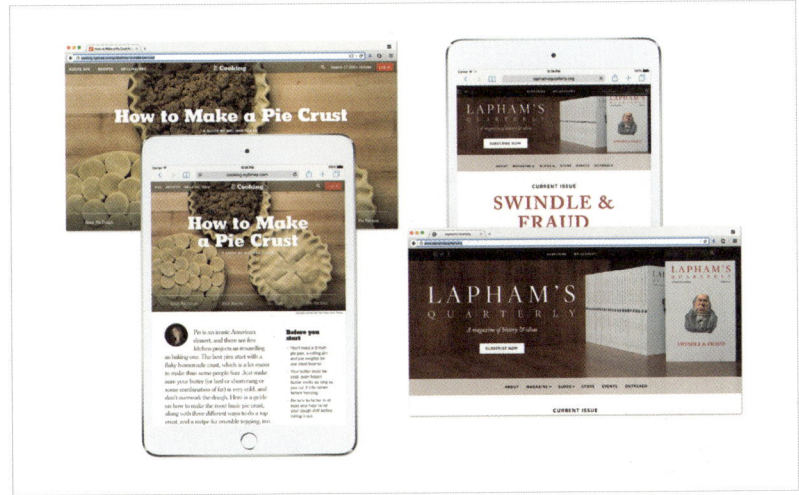

그림 1.3 《뉴욕 타임스》(http://bkaprt.com/rdpp/01-07/)와 《라팜스 쿼터리Lapham's Quarterly》(http://bkaprt.com/rdpp/01-08/)는 반응형을 받아들인 언론 매체 사이트다.

는 뷰포트 모양에 대응한다. 아무리 칭찬을 아낀다 해도 이 사이트가 견실한 반응형 디자인임은 부인할 수 없다.

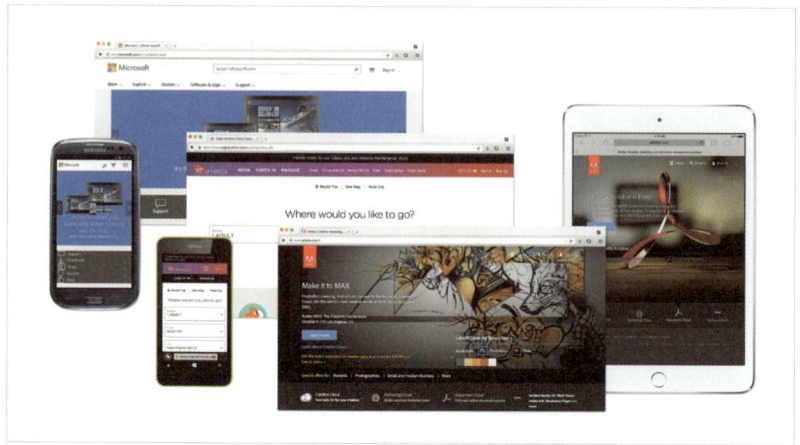

그림 1.4 마이크로소프트(http://bkaprt.com/rdpp/01-09/), 버진 아메리카(http://bkaprt.com/rdpp/01-10/), 어도비(http://bkaprt.com/rdpp/01-11/)는 반응형을 받아들이기로 선언한 대표적인 유명 기업이다.

그림 1.5 AIDS.gov, GOV.UK(http://bkaprt.com/rdpp/01-12/), 미국 디지털서비스(http://bkaprt.com/rdpp/01-13/) 등 정부 사이트는 반응형에 대대적으로 투자하고 있다.

그림 1.6 이제 페이지의 시대는 갔다. 우리의 인터페이스는 작은 컴포넌트들, 즉 여러 개의 소형 레이아 웃 시스템으로 구성되어 있다.

그림 1.7 구글의 '검색어로 본 2014년'은 독립적인 반응형 모듈이 필요에 따라 각각 조절되는 모습을 보여주는 멋진 예다(http://bkaprt.com/rdpp/01-14/).

크기를 몇 번 조절해보면 한 번에 모두 바뀌지 않는다는 사실을 눈치챌 것이다. 부차적인 기사는 레이아웃이 1열에서 2열 혹은 2열에서 1열로 바뀌지만, 주요 기사의 디자인은 비교적 바뀌는 일이 없다(그림 1.8-1.9). 그리고 화면 상단의 내비게이션은 그 아래에 있는 콘텐츠와는 별도로 변화를 여러 번 겪는다(그림 1.10). 즉 전체 레이아웃만 변하는 것이 아니라 디자인의 개별 컴포넌트도 각각 변한다. 대부분의 반응형 레이아웃이 이렇게 동작한다. 인터페이스는 소형 레이아웃 시스템으로 구성되어 있고, 그 소형 레이아웃 시스템 각각은 내부 콘텐츠의 필요에 따라 어떻게 변하고 이동하고 커져야 하는지 각각 규칙이 있다. 이 소형 레이아웃 시스템은 그 주변 요소와 약하게 연결되어 있으면서 종종 디자인의 나머지 부분과는 독립적으로 형태가 조절되곤 한다.

만약 내가 쓴 책《반응형 웹디자인》을 읽어봤다면 지금 하는 이야기는 그 책에서 한 걸음 더 나아간 것이라고 느낄 수도 있다. 그 책에서는 페이지 내부의 개별 컴포넌트에 초점을 맞춘 것이 아니라 페이지를 구축하는 데 초점을 맞추었기 때문이다(http://bit.ly/32q1dqe).《반응형 웹디자인》에는 픽셀 기반 디자인을 그리드 기반의 가변 레이아웃으로 바꾸는 방법, 그 내부에 있는 이미지의 크기를 조절하는 방법, 그런 가변 디자인을 미디어 쿼리를 사용해 반응형 레이아웃으로 완성하는 방법 등이 소개되어 있다.

그러나 많은 면에서 반응형 페이지 내부에 있는 모듈이 레이아웃 자체보다 더 많은 과제를 던져준다. 반응형 그리드를 디자인하는 것 자체는 멋진 일이다. 하지만 좁은 화면에서도 넓은 화면에서 보는 것처럼 이미지를 알아보는 데 불편함이 없으려면 어떻게 해야 할까? 빽빽하고 복잡한 내비게이션 메뉴를 가변 레이아웃 안에 딱 맞게 집어넣으려면 어떻게 해야 할까? 우리는 엉엉 울며 좌절하지 않고 반응형 그리드 안에 광고를 집어넣을 수 있을까?

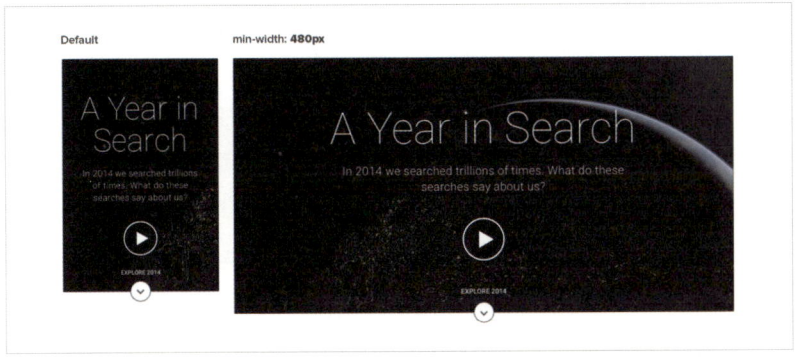

그림 1.8 구글의 '검색어로 본 2014년'에서 주요 기사의 분기점breakpoint은 단 하나뿐이다.

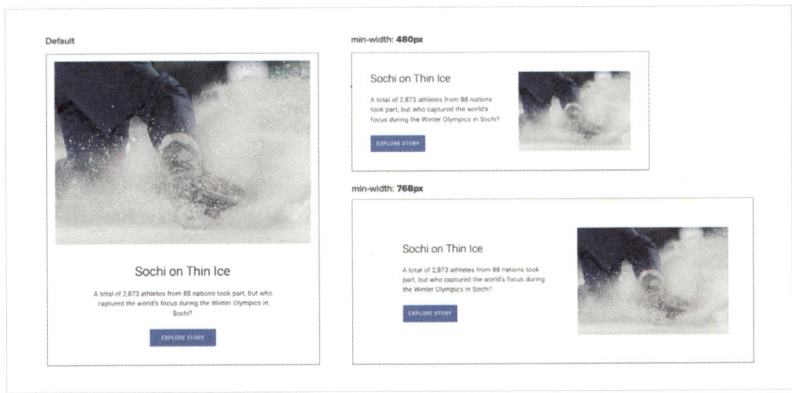

그림 1.9 부차적인 기사는 하나 이상의 분기점에서 그리드 레이아웃이 바뀐다.

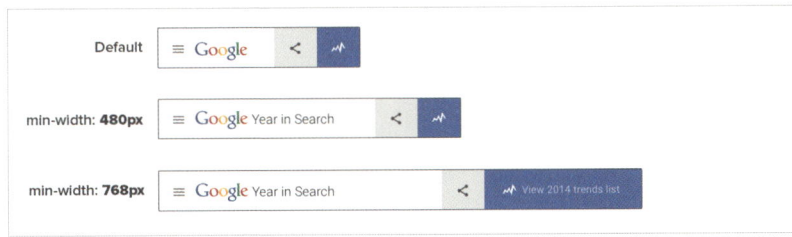

그림 1.10 내비게이션은 몇 가지 작지만 눈에 띄는 변화가 있다. 화면이 넓어지면 시야에 들어오는 콘텐츠의 비중이 커진다.

1장 작은 시작 **19**

이런 질문에 대해 가변 그리드와 미디어 쿼리가 몇 가지 답을 줄 수는 있지만 이는 해결책의 일부에 불과하다. 따라서 이 책은 소형 레이아웃 시스템이 던져주는 과제, 페이지 안에 포함된 모듈과 요소가 던져주는 과제를 더 가까이에서 살펴보려 한다. 다음 장부터 특히 쉽지 않은 여러 컴포넌트를 자세히 살펴보겠다. 내비게이션부터 이미지, 동영상을 살펴보고 마지막으로 광고에 관해서도 알아보겠다. 각 모듈에 흔히 쓰이는 디자인 접근법과 흔히 쓰이지 않는 방법도 공부해보고 여러분만의 반응형 디자인 안에 그 요소들을 포함할 전략도 논의해보겠다. 이런 과정을 거치면서 더욱 모듈화된 디자인을 할 때 해결해나가야 할 과제뿐만 아니라 모듈화된 디자인이 우리에게 가져다주는 보상까지도 더 잘 이해할 수 있게 될 것이다.

모듈화된 디자인은 많은 면에서 우리에게 그리고 우리 프로젝트에 굉장히 실질적인 이익을 가져다준다. 개발자 스콧 차일즈^{Scott Childs}는 은행 캐피털 원^{Capital One} 사이트의 레이아웃을 4주 만에 다시 구축한 사례를 이야기하면서, 페이지가 아니라 컴포넌트에 초점을 맞춘 것이 핵심이었다고 주장했다(https://bit.ly/2y4OhuS).

> 비록 페이지 수가 엄청나게 많을지라도, 2,500페이지에 페이지 설정이 4,000개가 넘을지라도 모든 것은 정말 두어 가지 정도로 압축된다. 우리가 갖고 있는 컴포넌트가 전부 몇 개였는지 아는가? 약 20개였다. 이 20개의 컴포넌트를 페이지 4,000개에 끼워 맞추고 확장시킬 수 있겠다고 생각했다. 핵심을 파고들었을 때는…… 그렇게 많은 것을 다룰 필요가 없었다.

작업의 범위와 복잡도가 커지면서, 작업을 모듈화해야 한다는 필요성이 대두되며 디자인 내에서 컴포넌트에 초점을 맞추게 되었다. 그러나 버진 아메리카^Virgin America 항공이 사이트를 반응형으로 다시 디자인할 때 디자인 파트너로 일했던 조 스튜어트^Joe Stewart의 설명에 따르면, 컴포넌트에 초점을 맞추면 모듈화라는 이익 외에도 더 큰 이익이 따라온다(http://bkaprt.com/rdpp/01-17/).

우리는 레고와 같은 시스템을 만들었다. 우리는 여러 크기에서 동작할 수 있는 다양한 박스 유형과 모듈 유형을 디자인했다. 이 유형들은 태블릿에서, 데스크톱에서, 스마트폰에서 동작할 수 있으며 그 안에서 콘텐츠는 바뀔 수 있다. 이런 방식에는 두 가지 장점이 있다.

1. 무엇을 만들든지 자동적으로 반응형이 된다. 모듈 시스템 자체가 본래 반응형이므로 우리가 만드는 것이 그런 모듈에 딱 맞는다면 자동적으로 반응형이 된다.
2. 두 번째 장점은 버진 아메리카가 앞으로 이 레고 시스템을 바탕으로 원하는 페이지를 얼마든지 만들 수 있다는 점이다. 동작하는 것들을 짜 맞추고 조립하여 커다란 것 2개를 만들 수도 있고, 작은 것 3개를 만들 수도 있고 또 어떤 것이든 자유롭게 만들 수 있다. 버진 아메리카는 본래부터 반응형인 이 도구들을 사이트 구축에 영원히 활용할 수 있게 된 것이다.

더 작은 블록들을 조립하여 인터페이스를 구축한다는 논의가 활발해지면서, 최근 몇 년 사이에는 패턴 라이브러리 혹은 스타일 가이드를 만드는 것에도 새롭게 관심이 집중되었다. 나는 이 두 가지 용어를 바꿔가며 사용하는데 여러분이 어떤 용어를 더 선호하든 그 의미는 동일하다. 패턴 라이브러리 혹은 스타일가이드는 복잡한 인터페이스를 구축하기 위해 사용되는 모든 '블록'의 재고 명

그림 1.11 패턴 라이브러리를 활용하면 반응형 인터페이스의 컴포넌트를 관리하는 데 도움이 된다. 우샤히디Ushahidi(http://bkaprt.com/rdpp/01-18/), 메일침프(http://bkaprt.com/rdpp/01-19/), 스타벅스(http://bkaprt.com/rdpp/01-20/), 《어 리스트 어파트A List Apart》 모두 패턴 라이브러리를 활용한다.

세인 것이다. 색상, 서체, 폼 요소, 그리드 레이아웃 등 재사용될 수 있는 컴포넌트를 흔히 디자인 패턴이라고 칭한다. 재사용이 가능한 모듈 특성에 경의를 표한다. 스타벅스는 반응형 사이트에 사용한 패턴 라이브러리를 공개한 최초의 대형 조직 중 하나였으며 그 후 다른 회사들도 스타벅스의 예를 따랐다(그림 1.11).

더 모듈화된 그리고 시스템 주도적인 접근법을 디자인에 적용하는 것은 특히 예전의 페이지 중심적인 레이아웃 모델에 비춰봤을 때 큰 변화처럼 느껴질 수도 있지만, 사실 다른 산업 부문에서는 벌써 수년 동안 이 접근법을 시행해왔다. 메일침프MailChimp의 디자이너 페데리코 홀가도Federico Holgado가 지적했듯이(http://bkaprt.com/rdpp/01-23/) 건축, 자동차 제조, 조선 등 다양한 산업 부문에서는 이미 오래전에 완성된 부품을 조립하는 방향으로 초점을 옮겼다. 즉 더 작고 전문화된 부품을 이용해 더 크고 복잡한 기계를 구축하는 것이다(그림 1.12). 웹 산업에서 일하는 우리는 이것을 큰 변화처럼

그림 1.12 선박 건조과정이다. 거대한 선박의 작은 한 부분이 보인다. 에이드리언 존스Adrian Jones가 촬영했다(http://bkaprt.com/rdpp/01-22/).

느낄 수 있지만 한편으로는 굉장히 훌륭한 변화다. 기기를 구별하지 않는 콘텐츠 중심의 방식으로 복잡한 반응형 인터페이스를 구축할 수 있으며, 사이트를 브라우징하는 방법이 점점 더 늘어나고 있는 현실을 대비해나갈 수 있다.

솔직히 그래야만 한다. 왜냐하면 정말 터놓고 말해서 최근 몇 년 웹은 참으로 이상한 시기였기 때문이다.

'이상한 시기'라는 말이 오해를 살 수도 있으니 맥락을 짚어보는 의미에서 웹의 역사를 짧게 간추려보겠다. 사실 독특한 매체인 웹의 성질 중에 변하지 않는 성질이 하나 있다면, 그것은 바로 웹의 모든 것이 너무나 빨리 변한다는 것이다. 특히 지난 몇 년은 내가 보기에 기기 수와 다양성이라는 측면에서 정말 정상이 아닌 것 같았다. 몇 가지 중요한 사항을 짚어보겠다.

- 모바일 붐이 일면서 전 세계 모바일 기기 수는 2016년 기준 약 74억 개에 달했다(http://bkaprt.com/rdpp/01-24/). 모바일은 순식간에 사람들이 웹에 접근하는 가장 지배적인 수단이 되었다. 그리고 개발도상국과 선진국을 막론하고 세계의 많은 지역에서 웹에 접근하는 유일한 수단이기도 하다.

    손에 들고 다니는 기기의 인기가 수그러들 것 같지는 않지만, 그렇다고 많은 이가 예측한 것처럼 '모바일'이 데스크톱의 종말을 가져오지는 않았다. 애널리틱스, 리서치 전문회사 컴스코어comScore의 조사 결과에 따르면 모바일이 성장한다고 해서 데스크톱 컴퓨터 사용량이 그만큼 줄지는 않으며, 모바일 성장의 상당 부분은 기존 플랫폼 성장에 추가로 더해지는 양상을 띤다고 한다(http://bkaprt.com/rdpp/01-25/).

- 우리 기대를 벗어난 것은 모바일만이 아니다. 2010년 아이패드가 발매된 이후 태블릿 시장이 폭발적으로 커지며 하드웨어 제조사들은 아이패드의 엄청난 인기를 활용하고자 바삐 움직였다. 2011년 '국제소비자가전박람회CES'에서만 80개 이상의 태블릿PC 신제품이 소개되었다(http://bkaprt.com/rdpp/01-26/).

    하지만 최근 들어 태블릿 시장의 상승세 둔화 징후가 나타나고 있다. 모바일 애널리스트들도(http://bkaprt.com/rdpp/01-27/), 베스트바이 CEO도(http://bkaprt.com/rdpp/01-28/) 태블릿 매출 그래프가 당장 떨어진 것은 아니지만 그렇다고 올라가지도 않으며 평행선을 유지하고 있다고 말한다.

- 2014년 구글은 얼굴에 쓰는 웨어러블 컴퓨터 '글래스'의 개발에 탄력을 얻는 데 실패했다(http://bkaprt.com/rdpp/01-29/). 그

래도 데스크톱 이후 시대의 제품은 무엇이 될 것인지 관심은 여전하여 인터넷에 연결되는 스마트TV부터 최근 부상한 스마트워치에 이르기까지 여러 기기가 거론되고 있다.

나는 개인적으로 스마트워치를 브라우징 환경으로 사용하는 것에 회의적이다. 그렇게 작은 화면에서 긴 문서와 상호작용하려는 사람은 아무도 없으리라 확신한다. 주변의 다른 기기와 연동해서 주로 알림을 확인하는 용도로 쓰면 더 유용하고 효과적일 것이다. 하지만 이와 반대되는 의견을 접할 때마다 나는 말을 더 잇지 못하고 입을 꾹 다물어버린다. 예전에 스마트폰에 대해서도 같은 말을 했기 때문이다. 그렇게 작은 모바일 화면에서 웹을 브라우징하려는 사람은 아무도 없을 것이라고 확신했다. 현실이 어떻게 되었는지는 우리 모두 알고 있다. 사실 많은 사이트가 이미 스마트워치에 특화된 브라우저를 활용해 최대한의 효과를 끌어내고 있다(그림 1.13).

다시 말해 우리가 웹에 대해 아주 조금이라도 알아낼 때마다 웹의 지형이 바뀌어버린다.

바뀌는 정도가 아니라 폭발할 지경이다. 하드웨어 제조사나 소프트웨어 제조사는 디자인에서 뒷받침해야 하는 새로운 상호작용 모델을 거의 매달 출시한다(그림 1.14). 새로운 기기 및 브라우징 환경은 우리가 따라갈 수 있는 속도보다 더 빠른 속도로 계속해서 등장한다(그림 1.15). 그리고 웹을 브라우징하고 작업물을 게시하고 사용자와 연결되는 데 필요한 네트워크는 웹의 짧은 역사 중 그 어느 시기보다도 오늘날 가장 광범위한 접근성을 자랑한다. 하지만 그 네트워크도 모바일 데이터 사용량의 대부분을 차지하는 3G 이하 연결에서는 생각보다 속도도 훨씬 더 느리고, 변덕스럽고, 불안정하다. 반응형 디자인은 이 모든 걸 어떻게 따라갈 수 있을까? 좀더

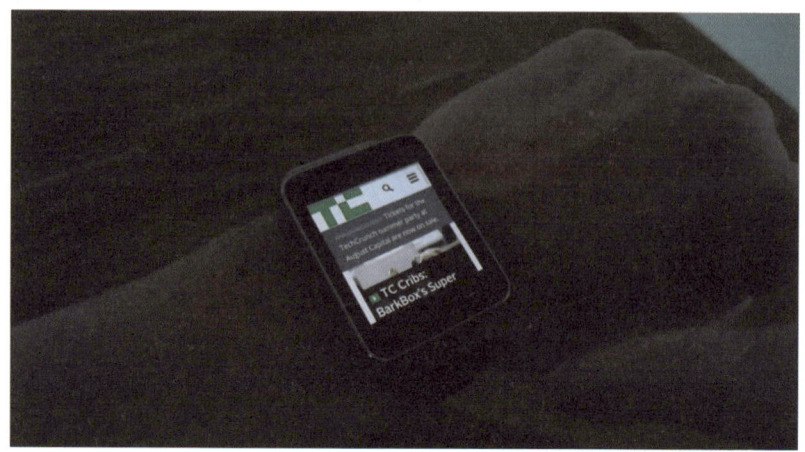

그림 1.13 안드로이드 스마트워치에서 반응형 사이트를 보고 싶은가? 웨어 인터넷 브라우저Wear Internet Browser를 추천한다(http://bkaprt.com/rdpp/01-30/). 관련 유튜브 동영상에서 캡처한 이미지(http://bkaprt.com/rdpp/01-31/)

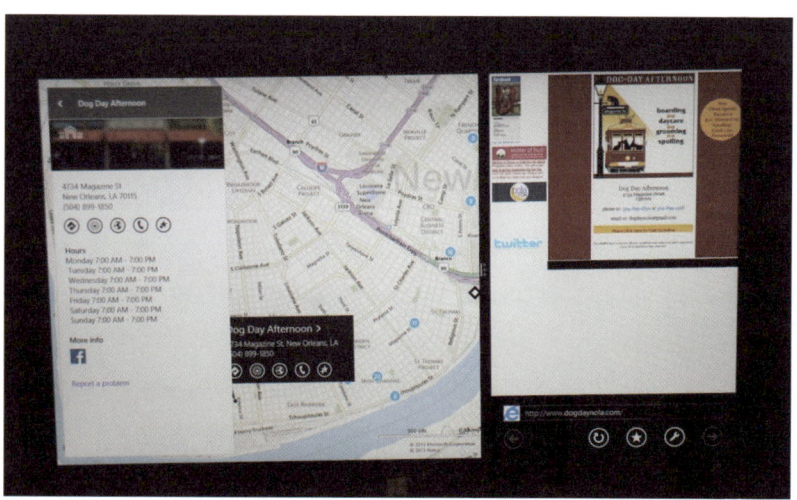

그림 1.14 마이크로소프트 윈도우 버전 8.1에서 사용자는 화면을 나누고 앱의 크기를 조절하여 편리한 위치에 놓을 수 있다(http://bkaprt.com/rdpp/01-32/).

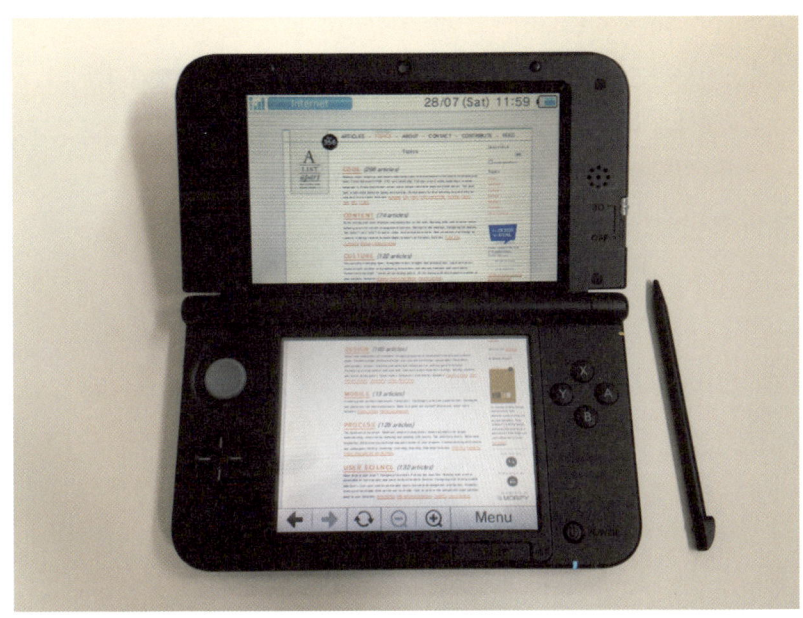

그림 1.15 2009년 영국 방송통신규제위원회 오프콤^{Ofcom}의 조사 결과에 따르면 자국의 16~24세 사용자 중 20퍼센트가 동영상 게임 콘솔을 사용하여 웹사이트를 방문했다. 애나 데브넘^{Anna Debenham}이 촬영했다.

분명하게 이야기해보자. 반응형 디자이너로서 우리는 이 모든 것을 어떻게 따라갈 수 있을까?

이 책에서 그러한 질문에 답해보려 한다. 앞으로 이어지는 각 장에서 반응형 디자이너가 해결해야 할 구체적인 과제들, 즉 내비게이션, 이미지, 동영상, 광고 등에 초점을 맞출 것이다. 하지만 레이아웃 테크닉과 코드만 분석하지는 않는다. 패턴들을 보면서 그 패턴이 왜 좋은지, 장점은 무엇이고 단점은 무엇인지 그리고 그 패턴을 어떻게 더 개선할 수 있을지 등을 논의할 예정이다. 마지막 장에서는 그간 배웠던 것을 돌아보고 한꺼번에 엮어서 더 가변적이며 가벼운 레이아웃을 구축하는 방법을 살펴보겠다. 이로써 우리는 더 가변적인 디자이너가 될 수 있으며, 나무들 사이를 빠져나와 이전까지는 어디에 있었고 앞으로는 어디로 나아갈 것인지를 더 분명하게 볼 수 있게 되리라 믿는다.

그럼 시작해보자.

내비게이션

내가 가고자 한 곳에 도달한 것은 아닐지도 모른다. 하지만 결국 내가 있어야 할 곳에 도달했다고 생각한다.

– 더글러스 애덤스 Douglas Adams, 《영혼의 길고 암울한 티타임 The Long Dark Tea-Time of the Soul》

최근에 파이어스 마우 피아일러그 Pius Mau Piailug 라는 사람에 관한 이야기를 읽었다. 그는 1976년에 대형 카누를 타고 태평양을 가로질러 하와이에서 타히티까지 4,000킬로미터가 넘는 거리를 항해했다. 피아일러그는 지도나 컴퓨터 기반 내비게이션과 같은 장비의 도움은 일절 받지 않고 별, 태양, 달 등의 인도를 받으며 항해에 성공했다. 사실 그에게 가장 큰 도움이 된 도구는 애초에 카누에 실을 수 있는 성질이 아니었다. 그것은 하늘의 별을 활용한 '별 나침반'이었다. 한 점을 중심으로 조개껍데기, 산호, 자갈 등으로 동그랗게

그림 2.1 피아일러그가 어린 시절에 배운 것처럼 별 나침반으로 내비게이션(항법)을 가르치고 있다. 몬테 코스타^{Monte Costa}가 촬영했다(http://bkaprt.com/rdpp/02-01/).

원을 두르면 별 나침반을 땅바닥에 쉽게 형상화할 수 있다(그림 2.1). 피아일러그가 자란 문화에서는 젊은 항해자들이 이 단순한 모양의 도구를 통해 수평선(별 나침반의 바깥 원)과 카누(원 내부의 중점)의 관계를 이해했다. 이런 이해를 바탕으로 바다에서 수년 동안 훈련을 쌓은 뒤, 피아일러그는 태평양을 건너는 항해를 무사히 마칠 수 있었다. 이는 전통적인 방식의 내비게이션이 현대에도 여전히 유효하다는 것을 증명한다.

나는 피아일러그의 항해를, 특히 그의 별 나침반을 종종 생각해보고는 한다. 우리가 일을 제대로 해냈다면 웹사이트의 내비게이션 역시 일종의 나침반과 같은 역할을 수행해야 하기 때문이다. 웹사이트의 내비게이션은 사이트에 처음 찾아온 사용자가 사이트 구조 속에서 길을 잃지 않고 목적지까지 도달할 수 있도록 안내하는 역할을 한다. 그러나 사이트의 메뉴는 유형도 제각각이고 계층별 깊이도 다르기에 직관적이면서도 사용하기 편한 내비게이션을 디자인하는 일은 힘들고 만만하지 않은 작업처럼 느껴지기도 한다.

게다가 반응형으로 디자인하면 원래부터 어려운 문제가 더 꼬이기까지 한다. 복잡한 메뉴를 작은 화면에는 어떻게 들어맞게 할 것인가? 디스플레이 해상도에 따라 정보를 더 많이 혹은 더 적게 보여주고 싶다면? 가장 중요한 점은 반응형 내비게이션 시스템이 모든 분기점마다 동일한 모습을 보이거나 동일한 동작을 할 필요는 없으며, 다만 어떤 기기에서든 동일한 콘텐츠에 접근할 수 있도록 해야 할 필요는 있다는 것이다.

이런 질문들 앞에서 한숨이 절로 날지도 모르겠다. 하지만 이 질문들은 내비게이션이야말로 이 책에서 주목할 소형 레이아웃 시스템의 훌륭한 예가 된다는 사실을 여실히 보여주고 있다. 어떤 사이트의 내비게이션을 반응형으로 디자인한다는 것은 어떤 페이지의 최상위 그리드를 반응형으로 디자인하는 것과는 전혀 다른 일이다. 우리는 레이아웃, 상호작용interaction, 콘텐츠의 시각적 밀도visual density 등의 문제를 다루면서 스스로에게 질문을 던질 수밖에 없다. 반응형이면서도 사용하기 편한 내비게이션을 과연 어떻게 디자인할 것인가?

고맙게도 많은 이가 이 질문에 대답하고자 훌륭한 시도를 해왔다. 2장에서는 흔히 사용하는 디자인 패턴과 흔히 사용하지는 않는 디자인 패턴을 모두 살펴보면서 내비게이션을 반응형으로 디자인하는 방법을 찾아보겠다.

보이기/숨기기 토글

디자인 에이전시 '해피 코그Happy Cog'의 반응형 사이트를 열어보자(그림 2.2). 넓은 화면에서는 내비게이션 전체가 다 보이지만, 작은 뷰

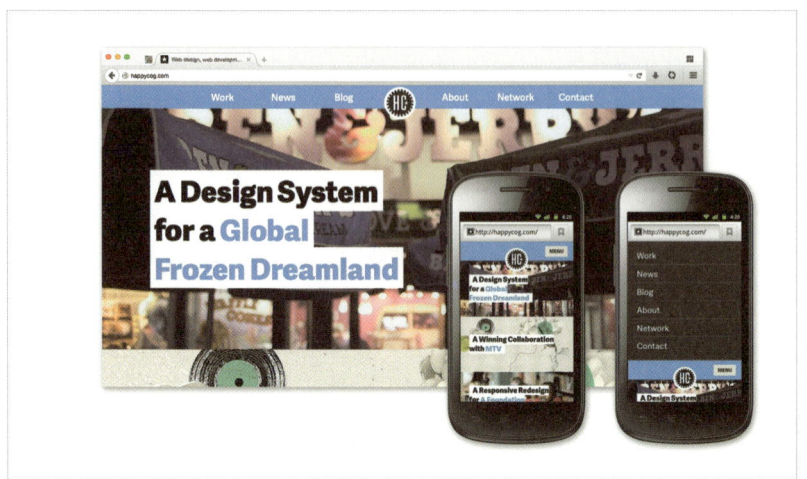

그림 2.2 큰 화면과 작은 화면에서 본 해피 코그 사이트의 반응형 내비게이션(http://bkaprt.com/rdpp/02-02/)

포트에서는 화면 속 공간 하나하나가 더 소중하기에 디자인 상단에 오직 Menu 링크만 보인다. 이 Menu 링크를 손으로 터치하거나 마우스로 클릭하거나 키보드로 선택하면 메뉴 전체가 나타난다.

메뉴가 들어갈 공간이 부족하다면 감추어버리는 이 방법은 반응형 디자인에서 복잡한 내비게이션 시스템을 처리할 때 사용하는 흔한 방식 가운데 하나다. 이 방식은 최소한 두 가지 요소가 필요하다. 하나는 특정 분기점에서 감춰지는 내비게이션 요소이며 또 하나는 감춰진 내비게이션을 사용자 상호작용을 통해 보이게 하는 '트리거trigger' 요소다. 사실 우리는 responsivewebdesign.com의 메뉴에도 동일한 접근법을 적용했다(그림 2.3). 사이트 디자인은 상당히 수수하지만, 이런 패턴의 구현 방식을 알아보기 위해 코드를 간단히 살펴보겠다.

먼저 페이지 상단에 다음과 같은 마크업이 있다.

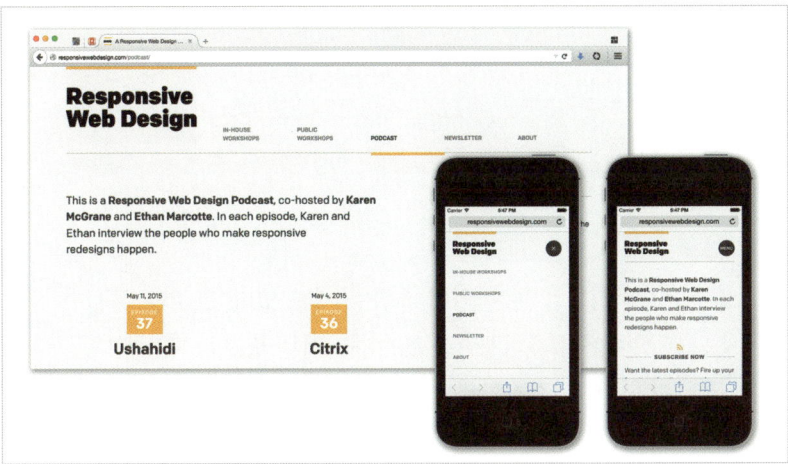

그림 2.3 responsivewebdesign.com의 반응형 마스트헤드masthead. 내비게이션을 보이거나 감추는 기능을 하는 단순한 토글로 된 담백한 디자인이다.

```
<div class="head">
  <h1 class="logo">
  <a href="/"><img src="/images/logo-rwd.png"
    alt="Responsive Web Design" /></a>
  </h1>

  <div id="nav" class="nav">
    <nav>
    <h1><a class="skip" href="#menu">Explore this
      site:</a></h1>

      <ul id="menu">
        <li><a href="/workshop/">Workshop</a></li>
        <li><a href="/events/">Public Events</a>
        </li>
        <li><a href="/podcast/">Podcast</a></li>
        <li><a href="/newsletter/">Newsletter</a>
        </li>
```

```
        <li><a href="/about/">About</a></li>
      </ul>
    </nav>
  </div><!-- /end .nav -->
</div>

<!-- [ 페이지의 메인 콘텐츠는 여기에 작성한다. ] -->
```

단순화하기는 했지만 더 추가할 것도 없다. 로고로 문서가 시작되고 뒤따라서 내비게이션으로 건너뛰는 링크가 위치한다. 그다음은 순서 없는 목록으로 마크업된 내비게이션이 자리했다. 하지만 이 HTML은 다들 예상했겠지만 그저 뼈대일 뿐이다. 메뉴의 기능을 향상하기 위해 간단한 자바스크립트 테스트부터 시작해보자.

```
// 이 브라우저가 최신 브라우저인지 테스트한 후 진행한다.
if ( !( "querySelector" in document
  && "addEventListener" in window
  && "getComputedStyle" in window) ) {
    return;
}

window.document.documentElement.className +=
" enhanced";
```

우리가 작성하는 자바스크립트에 사용될 document.querySelector, window.addEventListener, window.getComputedStyle과 같은 DOM 속성을 사용자 브라우저가 지원하는지 먼저 묻는다. 만약 이 속성 중 하나라도 지원하지 않는다면 return;은 자바스크립트의 나머지 부분을 실행하지 못하게 한다. 따라서 구형 브라우저는 비록 자바스크립트의 지원을 받지 못하더라도 완벽한 사용자 경험을 놓치지 않는다(그림 2.4). 반대로 이 속성들이 모두 지원된다면 자

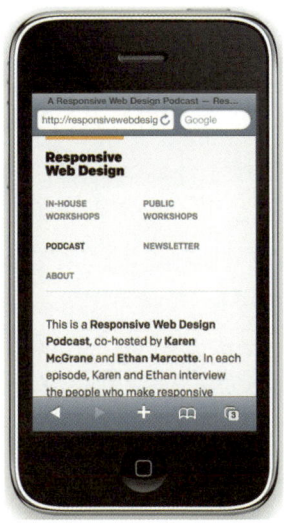

그림 2.4 자바스크립트를 쓰지 않는가? 내비게이션 접근성에는 아무런 문제가 없다. 심지어 코드를 다운로드조차 하지 못하는 브라우저에서도 끄떡없다.

바스크립트는 HTML 요소에 enhanced 클래스를 적용한다(window.document.documentElement.className += " enhanced";).[1]

이 테스트를 하는 이유는 뭘까? 이 자바스크립트 테스트를 통해서 우리는 점진적 향상progressive enhancement 전략을 적용한 내비게이션을 구축할 수 있다. 우선 보편적으로 접근할 수 있으며 단순하고 사용하기 편한 경험을 기본적으로 디자인해둔다. 그리고 나서 우리가 추가하는 기능에 대한 실제 혜택을 받을 수 있는 브라우저와 기기에서만 사용자 경험을 향상시키는 것이다. 테스트에 통과하면 HTML 요소의 enhanced 클래스는 해당 브라우저가 '향상된' 경험을 받아들일 준비가 되어 있다고 알려준다.

이것은 특히 어느 정도 규모가 있는 반응형 사이트에서 상당히 흔하게 쓰이는 접근법이다. 한 예로 BBC뉴스도 점진적 향상 전략

---

1 HTML 문서에서 window.document.documentElement는 문서의 루트 요소인 〈HTML〉 요소를 반환한다.

의 토대 위에 반응형 디자인을 구축했다(그림 2.5). 이들 역시 앞에서 한 것과 비슷한 가벼운 자바스크립트 테스트를 통해 브라우저가 특정 기능을 수행할 수 있는지 판별했다. 이들의 이야기를 들어보자(http://bkaprt.com/rdpp/02-03/).

> 우리는 디자인 업계 사람들처럼 가장 낮은 수준의 공통분모를 설정하고 거기에 맞춰 개발하는 방식으로 다양한 브라우저 환경에 대처한다. 그래서 우리는 브라우저 시장 전체를 크게 '피처 브라우저feature browsers'와 '스마트 브라우저smart browser'라는 두 부분으로 나누었다. …… 사이트가 로드될 때 자바스크립트 테스트 코드를 통해 기능 수행이 어려운 브라우저를 걸러내고, 그런 브라우저에는 자바스크립트로 구동되는 UI를 대부분 제외하여 깨끗하고 간결하며 핵심적인 사용자 경험만 남겨둔다.

브라우저와 기기를 조합하는 수많은 경우의 수를 놓고 고민하는 대신 BBC는 사용자 경험을 크게 둘로 나눈 후 자신들의 디자인이 그중 하나에 속한다고 생각한다. 하나는 바탕을 이루는 반응형 경험이며 또 하나는 기능 수행이 가능한 브라우저에만 제공되는 좀더 향상된 경험이다.

비록 규모가 훨씬 더 작기는 하지만 우리가 responsivewebdesign.com의 내비게이션에 적용한 것도 결국 같은 원리다. enhanced 클래스를 HTML 요소에 추가하면 우리는 테스트를 통과한 브라우저를 겨냥한 더 향상된 스타일을 제공할 수 있고 더 향상된 내비게이션 뷰를 구축할 수 있다.

```
.enhanced .nav .skip {
  position: absolute;
```

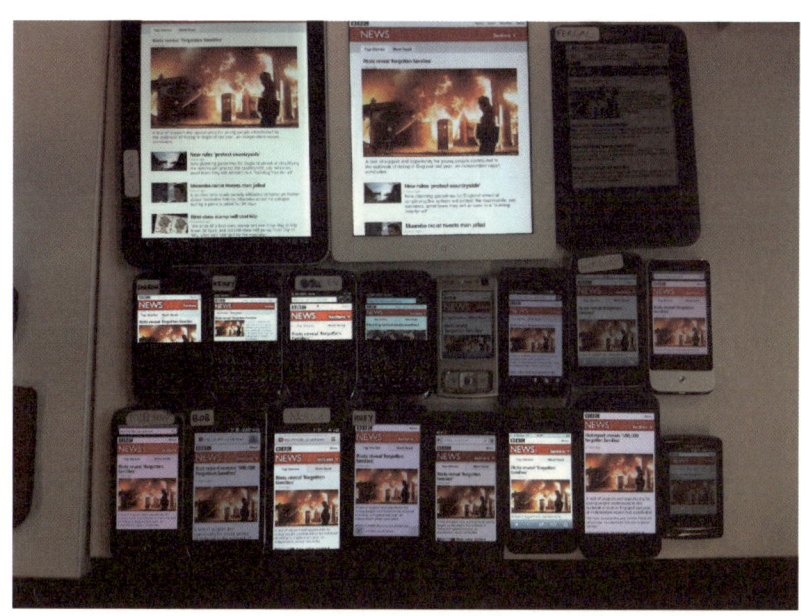

그림 2.5 BBC뉴스 사이트는 인터넷에 연결된 어떤 기기에서든 접근할 수 있으며 반응형으로 동작한다. 최신 브라우저에서는 좀더 향상된 사용자 경험을 제공한다. 사진: 반응형 뉴스Responsive News (http://bkaprt.com/rdpp/02-04/)

```
    right: 0;
    top: 1.4em;
    background: #363636;
    border-radius: 50%;
    width: 2.5em;
    height: 2.5em;
}
.enhanced .nav ul {
    max-height: 0;
    overflow: hidden;
}
```

만약 브라우저가 자바스크립트 테스트를 통과하면 이 규칙에 따라 내비게이션 바로 앞에 있는 스킵 링크(.nav .skip)에 전통적 방법인 절대 위치absolute position가 적용되어 그 링크는 페이지 상단에 고정된다. 동시에 background: #363636과 border-radius: 50%가 적용되면서 그 링크는 커다란 원형의 회색 버튼으로 바뀐다. 그런데 두 번째 규칙이 흥미롭다. 이 규칙에서는 .nav 내부에 있는 ul이 선택된다. 즉 여러 내비게이션 링크들을 포함하고 있는 순서 없는 목록이 선택된다. 여기에 overflow: hidden과 max-height: 0이 적용되면서 이 목록은 높이 0px의 박스로 바뀌어 이 목록에 .open 클래스가 적용될 때까지 여러 개의 링크를 뷰에서 숨겨버린다.

```
.enhanced .nav ul.open {
  max-height: 20em;
}
```

이 규칙까지 더해지면서 이제 내비게이션은 상태를 두 가지로 유지하게 되었다. 완전히 숨겨진 상태와 펼쳐진 상태다(그림 2.6). 하지만 .open 클래스를 ul에 어떻게 추가할지 궁금할 것이다. 그래서 자바스크립트 코드를 조금 더 작성하겠다.

```
var nav = document.querySelector( ".nav ul" ),
    navToggle = document.querySelector( ".nav .skip" );

if ( navToggle ) {
  navToggle.addEventListener( "click",
    function( e ) {
    if ( nav.className == "open" ) {
      nav.className = "";
    } else {
    nav.className = "open";
    }
```

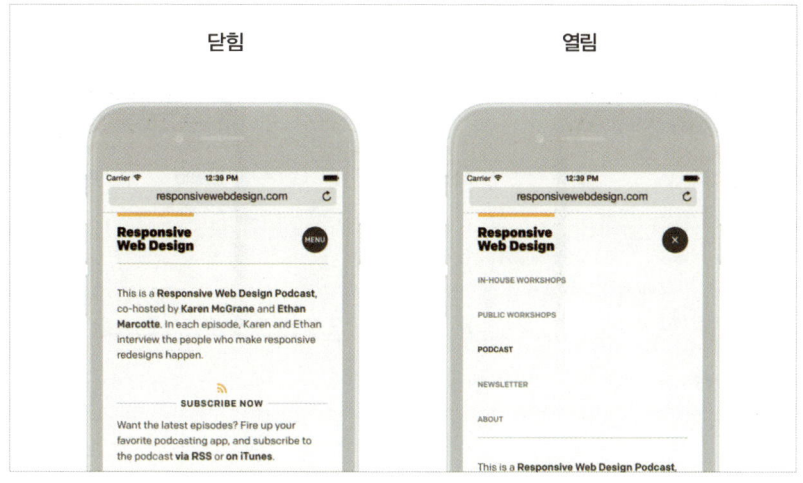

그림 2.6 이제 CSS를 통해 내비게이션을 보이거나 숨길 수 있게 되었다. 그렇다면 이것을 어떻게 인터랙티브하게 만들까?

```
    e.preventDefault();
}, false );
}
```

자바스크립트를 잘 모르더라도 너무 걱정하지 않기를 바란다. 이 코드는 보기보다 그렇게 복잡하지 않다. 정말이다. .nav 요소 내부에 있는 스킵 링크를 기억하는가? 자바스크립트를 이용해서 일단 그 링크(document.querySelector(".nav .skip"))가 존재하는지부터 확인하자. 그 링크가 존재한다면 그것을 클릭하거나 터치할 때 이에 반응해 촉발될 기능을 추가한다(navToggle.addEventListener("click", ...);). 사용자가 그 링크를 클릭하거나 터치할 때 자바스크립트는 순서 없는 목록에 open 클래스가 있는지 없는지 검사한다(if (nav.className === "open") { ... }). 만약 open 클래스가 없다면 자바스크립트는 open 클래스를 추가하여 여러 개의

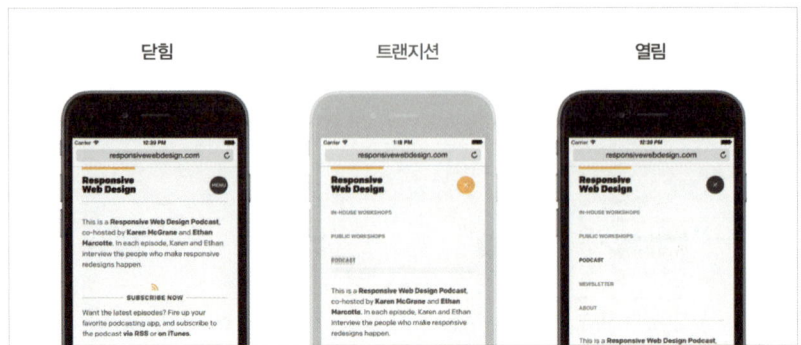

그림 2.7 max-height에 트랜지션 효과를 더하려는가? 좋은 생각이다!

링크를 펼쳐놓는다. 반대로 open 클래스가 있다면 자바스크립트는 open 클래스를 제거하고 내비게이션을 뷰에서 숨긴다.

좀더 세련되게 하고 싶다면 max-height에 CSS 트랜지션을 더하여 목록이 마치 두루마리처럼 펼쳐졌다가 접히는 듯한 효과를 낼 수도 있다(그림 2.7).

```
.enhanced .nav ul {
  max-height: 0;
  overflow: hidden;
  transition: max-height 0.25s ease-out;
}
```

이걸로 완성이다! 자바스크립트를 조금만 사용하면 클릭이벤트가 발생했을 때 그저 클래스를 하나 추가하거나 제거하는 방식으로 디자인의 어떤 요소를 보이거나 숨길 수 있다.

보이기/숨기기 토글이 아름답게 동작하긴 하지만 그렇다고 이 기능이 모든 분기점에 적절한 것은 아니다. 이 토글은 레이아웃이 조금 빽빽하고 작은 뷰포트에서만 정말 가치가 있을 뿐이다. 뷰포

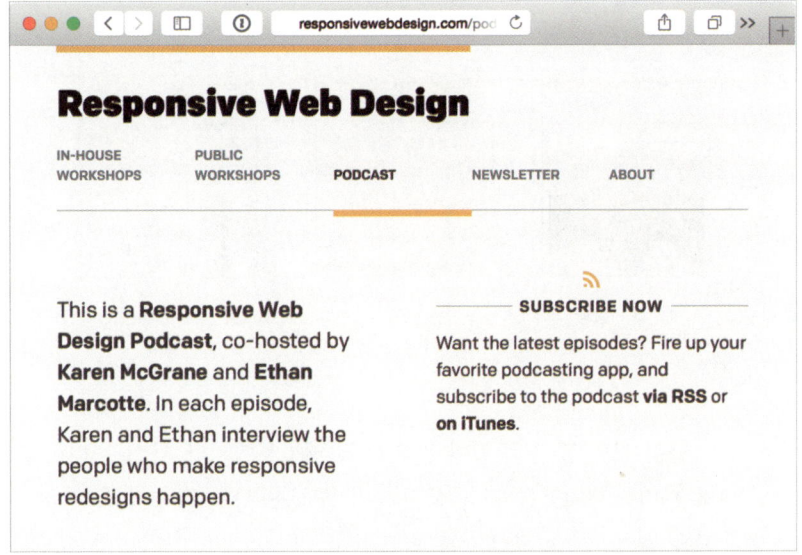

그림 2.8 넓은 화면에서는 보이기/숨기기 토글의 동작을 중지시키고 링크들을 그냥 보여주면 된다.

트 너비가 더 넓어지면 로고에 붙어 고정된 형태의 내비게이션 전체를 보여줄 수 있다(그림 2.8). CSS에서 모든 효과가 발휘되기 때문에 미디어 쿼리를 이용해서 특정 분기점 위에 덮어쓰면 된다.

```
@media screen and (min-width: 39em) {
  .page .nav ul {
    overflow: auto;
    max-height: inherit;
  }
}
```

이제 뷰포트 너비가 최소 39em 이상일 때는 목록의 overflow와 max-height를 기본값으로 되돌린다. 목록은 더 이상 뷰에서 숨지 않으며, 우리는 이것을 더 전통적인 마스트헤드처럼 꾸밀 수 있다.

그림 2.9 MSNBC의 반응형 내비게이션은 작은 화면에서는 최상위 토글을 사용해 메뉴를 나타낸다. 또한 사용자가 관련 섹션을 터치하거나 클릭하여 각 섹션 안에 포함된 메뉴를 열 수 있다.

얼핏 보면 많은 작업이 필요한 것처럼 보이지만 사실 우리는 그저 자바스크립트를 조금 사용해서 클래스 하나를 추가 혹은 제거했을 뿐이고, 그 클래스를 활용하여 내비게이션이 나타나느냐 사라지느냐를 제어했을 뿐이다. 그것이 사실 거의 모든 보이기/숨기기 토글의 기본적인 동작 방식이다. MSNBC.com의 반응형 사이트도 바로 이와 같은 방식으로 동작한다(그림 2.9). 큰 화면에서는 주요 카테고리를 터치하거나 클릭하면 서브 카테고리 메뉴가 나타나지만, 작은 화면에서는 한 아이콘을 터치하면 내비게이션 전체가 드러나고 그 안에서 서브메뉴도 펼쳐지는 방식이다.

오프-캔버스 메뉴

보이기/숨기기 토글의 변종으로 오프-캔버스 메뉴off-canvas menu라고 지칭되는 것이 있다. 이 패턴은 원래 네이티브 모바일 앱에서 즐겨 사용되던 것인데 최근에는 반응형 모바일 웹사이트에서도 쓰이고 있다(http://bkaprt.com/rdpp/02-06/). 실제 사례를 보면 Walmart.ca가 최근 반응형으로 다시 디자인 작업을 하면서 이런 접근법을 채

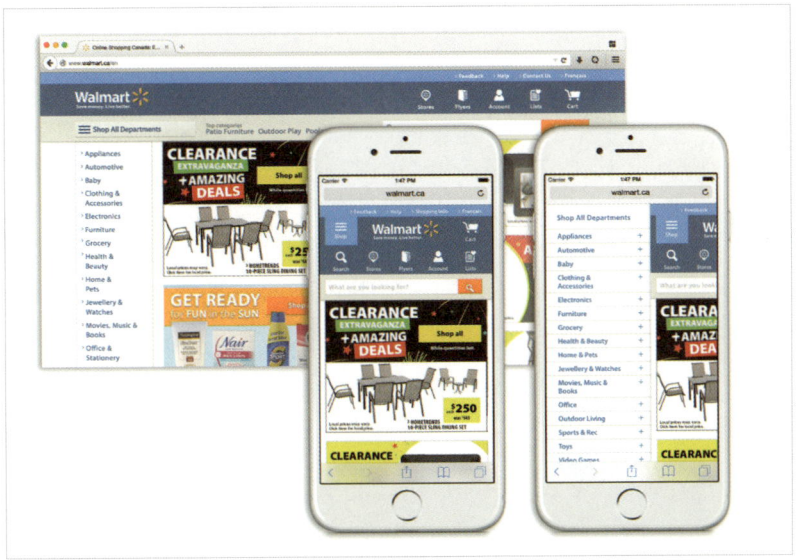

그림 2.10 Walmart.ca의 내비게이션은 좁은 뷰포트에서 캔버스 바깥off-canvas에 숨겨진다. 하지만 넓은 뷰포트에서는 기본 모습을 드러낸다.

택했다(그림 2.10). 넓은 화면에서는 내비게이션이 왼쪽에 보인다. 하지만 작은 화면에서는 메뉴 아이콘을 터치하거나 클릭했을 때 내비게이션 전체가 왼쪽에서부터 미끄러져slide 들어와 콘텐츠를 담고 있는 캔버스 외곽에 자리를 잡는다.

동작 방식만 보았을 때 이 패턴은 우리가 잘 알고 있는 믿음직한 보이기/숨기기 토글과 크게 다르지 않다. 내비게이션이 숨어 있다가 사용자가 어떤 요소와 상호작용하면 내비게이션이 나타나고 또 사라지는 토글 액션이 이루어지는 방식이다. 이 오프-캔버스 메뉴는 동작이 잘 이루어지기만 한다면 레이아웃에 또 하나의 깊이와 차원을 추가해줄 수 있다. 그러나 최신 브라우저가 아닐 경우에는 사용자 경험을 해칠 수도 있기에 접근성이 제대로 보장되는지 더욱 세심하게 주의를 기울여야 한다(http://bkaprt.com/rdpp/02-07/).

조건에 따라 로드되는 메뉴

미국의 뉴스 및 엔터테인먼트 사이트 FiveThirtyEight.com은 2014년에 사이트를 반응형으로 다시 디자인했다(그림 2.11). 이 사이트는 작은 디스플레이에서 내비게이션을 보여주는 방식으로 보이기/숨기기 토글을 선택했다. 넓은 뷰포트에서도 토글은 계속 살아 있지만 주요 기사 카테고리 링크(정치Politics, 경제Economics, 과학Science 등)는 더 이상 숨지 않고 모습을 드러낸다. 하지만 이 내비게이션에는 또 다른 기능이 있다. 넓은 화면에서 마스트헤드의 링크를 터치하거나 클릭하면 드롭다운 메뉴가 나타나 해당 카테고리에 속한 콘텐츠를 추가로 보여준다(그림 2.12).

파이브서티에이트FiveThirtyEight 사이트 내비게이션 메뉴 중 한 아이템을 큰 틀에서 간단히 살펴보겠다.

```
<ul class="menu">
  <li class="menu-item">
    <a href="http://fivethirtyeight.com">Menu</a>
    <div class="dropdown">
    <!-- 하위 콘텐츠를 여기에 작성한다. -->

    </div>
  </li>
<!-- 하위 콘텐츠를 여기에 작성한다. -->

</ul>
```

최상위 링크를 각각 목록 아이템(li.menu-item) 안에 둔다. 목록 아이템 안에는 dropdown 클래스의 div도 포함되어 있다. 그러면 그 div 안에는 무엇이 포함될까? 그렇다. 앞서 언급한 넓은 화면에서 나타나는 드롭다운 메뉴가 포함된다. 물론 앞의 코드는 극히 단순

그림 2.11 FiveThirtyEight.com은 반응형으로 다시 디자인했다. 뉴스 사이트답게 위풍당당한 느낌과 분석적인 느낌이 전해진다.

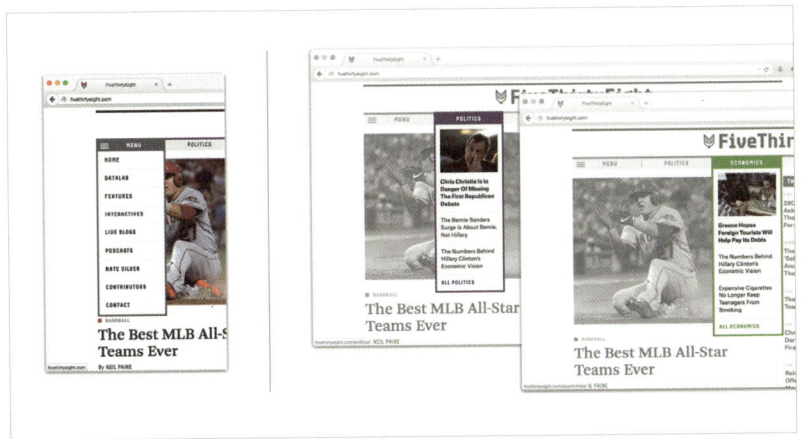

그림 2.12 파이브서티에이트의 반응형 내비게이션은 모든 디스플레이에서 단순한 보이기/숨기기 토글 방식으로 동작하며 넓은 화면에서는 주요 링크들이 마스트헤드에 보이게 내걸린다.

화한 마크업이지만 이를 토대로 넓은 화면에서 드롭다운을 보여주는 CSS를 다음과 같이 작성할 수 있다.

```css
li.menu-item {
  position: relative;
}
.dropdown {
  display: none;
  position: absolute;
}
@media screen and (min-width: 768px) {
  li.menu-item:hover .dropdown {
    display: block;
  }
}
```

이 코드는 파이브서티에이트의 스타일을 좀 단순화한 것이지만, 근본적인 동작 방식은 동일하다. 작은 화면에서는 .dropdown 블록들이 display: none;에 따라 기본적으로 모습을 감추고 있다. 하지만 미디어 쿼리를 사용해서 큰 화면에서 사용자가 .dropdown 을 품고 있는 목록의 아이템 위로 마우스를 가져가면 (li.menu-item:hover .dropdown) 드롭다운 메뉴가 모습을 드러낸다.

파이브서티에이트가 채택한 접근법은 흔한 방법이지만 결점이 없다고는 할 수 없다. CSS는 화면이 큰 기기에서는 항상 마우스가 사용될 것이라고 가정하기 때문에 :hover에 의존하는 것은 잠재적인 골칫거리를 낳는다. 그러한 편견을 거부하는 기기는 태블릿부터 터치할 수 있는 노트북에 이르기까지 얼마든지 있다. 하지만 결점은 그것만이 아니다. 더 넓은 관점에서 보면 작은 화면에서 정보를 숨길 때에 CSS를 사용한다는 것은 무시할 수 없는 문제다. 즉 CSS에 의해 어떤 요소가 모습을 감춰도 브라우저는 모습을 감춘 요소에 관한 HTML을 모두 다운로드한다. 다시 말해서 FiveThirtyEight.com의 사용자 혹은 display: none; 패턴을 사용하는 다른 사이트의 사용자는 작은 화면에서 사이트에 접근할 때, 사용하지도 않는 데이터를 추가로 다운로드하게 되는 것이다. 만약 그 사용자들이 데이터를 사용하는 만큼 통신비를 지불하는 요금제를 쓰고 있다면 비용을 유발하는 디자인 결정을 내린 셈이 된다.

책임 있는 대안은 조건에 따른 로딩을 사용하는 것이다. 오직 특정한 조건 아래에서만 추가적인 콘텐츠를 로드한다. 그래서 추가적인 콘텐츠는 그것이 사용되는 화면에서만 로드되도록 한다. 《보스턴 글로브 Boston Globe》의 반응형 사이트를 출시할 때 디자인팀과 나는 파이브서티에이트 사이트와 비슷한 패턴을 채택했다. 작은 화면에서는 토글을 통해 사이트 전체의 내비게이션에 접근했지만(그림 2.13) 디자인이 넓어져서 작업할 공간이 더 많이 생기면, 그 공간을 활용해 각 섹션의 주요 기사를 돋보이게 내걸었다.

여기서 가장 중요한 점은 그 주요 기사들이 작은 화면에서는 나타나지 않는 것이다. 그러나 마크업을 페이지에 기본값으로 포함한 후 CSS로 숨기는 방식을 쓰지는 않는다. 대신에 추가 HTML은 자바스크립트를 살짝 사용하여 조건에 따라 로드되게 한다. 개인적으로는 조건에 따라 로드되는 콘텐츠를 관리할 때 필라멘트그룹의 에이잭스–인클루드 Ajax-Include 패턴(http://bkaprt.com/rdpp/02-08/)을 매우 선호한다.

```
<ul>
  <li data-append="/politics/latest-stories.html"
    data-media="(min-width: 39em)">
    <a href="/politics/">Politics</a>
  </li>
</ul>
```

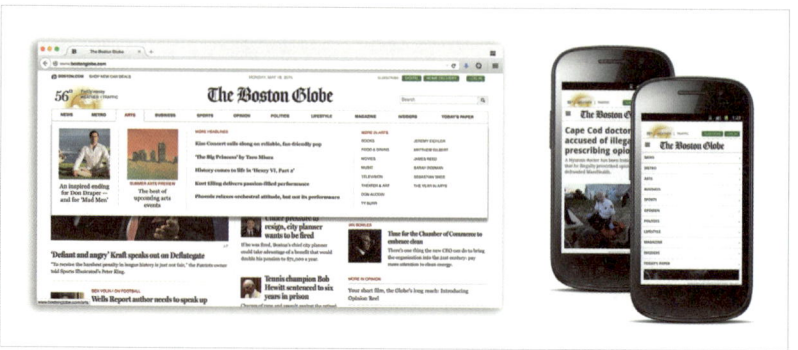

그림 2.13 《보스턴 글로브》의 반응형 사이트를 처음 선보였을 때의 모습이다. 이 사이트의 반응형 내비게이션은 작은 디스플레이에서는 토글을 통해 모습을 드러내고 감추었다. 하지만 넓은 화면에서는 내비게이션이 항상 모습을 드러내고 있으며 여기에 각 섹션의 주요 기사들이 티저 형태로 나타났다.

에이잭스-인클루드 패턴은 HTML 특정 부분에 HTML5의 data-속성을 적용한다. 이 속성은 조건에 따라 로드되는 콘텐츠가 어느 위치에 놓일 것인지 지시한다(data-before, data-after, data-append, data-replace), 원한다면 미디어 쿼리를 특정하여(선택적인 data-media 속성을 통해) 클라이언트에서 어떤 조건이 맞을 때만 콘텐츠가 로드되게 할 수 있다. 따라서 앞의 스니펫을 보면 에이잭스-인클루드 자바스크립트가 /politics/latest-stories.html(HTML의 스니펫일 것으로 추정되는)의 콘텐츠를 가져와서 목록 아이템에 추가한다. 하지만 오직 뷰포트 너비가 최소 39em 이상일 때만이다.

조건에 따른 로딩 방식은 내비게이션 외 다른 용도에도 유용하다. 예를 들면 《가디언Guardian》의 이전 버전 웹사이트에서는 여러 종류의 콘텐츠가 조건에 따라 로드되었다. 가디언 홈페이지를 넓은 화면에서 보면 특정 머리기사 아래에 해당 기사와 관련된 기사가 함께 나열되었다. 그러나 동일한 모듈을 좁은 화면에서 보면 오직 머리기사만 보였다. 이때 관련된 기사들은 CSS로 숨겨진 것이 아니

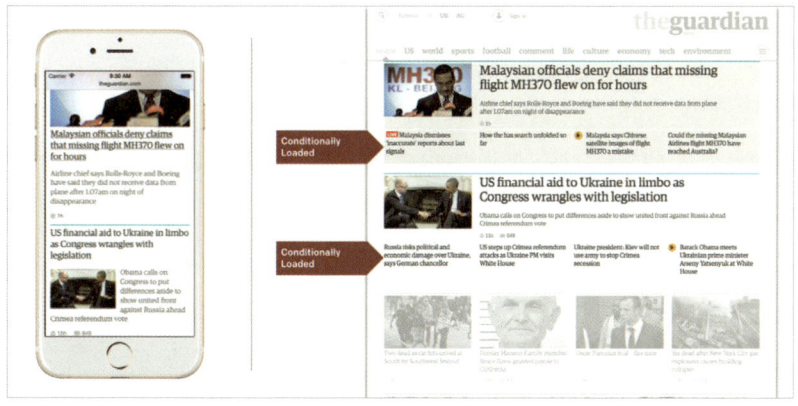

그림 2.14 《가디언》 사이트의 특정 모듈은 분기점에 따라 정보의 밀도를 줄이기 위해 조건에 따라 로딩된다.

었다. 모든 기기에서 콘텐츠가 다운로드되어 성능 부담을 일으키는 일이 없도록 사용자의 브라우저가 자바스크립트를 지원하고 특정 너비보다 더 넓다는 두 가지 조건이 모두 충족될 때만 관련 기사가 다운로드되었다(그림 2.14). 관련 기사와 달리 가장 중요한 콘텐츠인 머리기사는 누구나 볼 수 있었다.

조건에 따른 로딩 방식이 데스크톱 사용자에게는 더 많은 콘텐츠를 제공하고 모바일 사용자에게는 더 적은 콘텐츠를 제공하기 위한 것이라고 생각해서는 안 된다. 조건에 따른 로딩 방식은 오히려 화면에 나타나는 정보량에 독자가 압도되지 않도록 디자인의 밀도 문제를 처리하기 위한 것이다. 《가디언》과 《보스턴 글로브》는 사용자 모두에게 중요한 콘텐츠가 무엇인지 확인한 다음, 넓은 화면이든 좁은 화면이든 중요한 콘텐츠를 기반으로 삼았다.

다시 정리하자면 조건에 따른 로딩 방식은 작은 화면에서 추가 정보를 없애거나 숨기는 것이 아니다. 그보다는 사용자에게 보여주고자 하는 콘텐츠에 대해 다음과 같은 세 가지 틀에서 생각해보자.

1. 작은 화면에서 중요한 콘텐츠가 무엇인지 확인한다.
2. 1번을 완료했다면 이제 그 콘텐츠를 화면 크기에 상관없이 모든 독자가 접근할 수 있는 정보로 여긴다.
3. 더 넓은 뷰포트에 포함하고 싶은 정보가 있다면 점진적 기능 향상 원리에 따라 추가한다.

'모바일 우선주의' 사고방식을 택한다고 해서 구현 결과가 반드시 달라지는 것은 아니다. 하지만 모바일 우선주의 사고방식은 조건에 따라 로드되는 콘텐츠의 디자인을 우리가 어떤 식으로 계획해야 하는지 알려준다. 특히 사용자가 점점 더 모바일을 지향하는 (물론 100퍼센트는 아니지만) 상황에서, 작은 화면에는 콘텐츠가 '덜' 들어가도 된다고 생각하는 함정에 빠지는 것을 피할 수 있다.

햄버거를 믿어도 될까

2장에서 지금껏 살펴보았듯이 정말 완벽하게 내비게이션을 처리하는 방법이란 존재하지 않는다. 하물며 내비게이션 패턴을 하나하나 다 살펴보지도 않았다. 필라멘트그룹부터 모질라[Mozilla](http://bkaprt.com/rdpp/02-10/)에 이르기까지 모두가 여러 기기에 친화적인 반응형 내비게이션 시스템을 구축하기 위해 다양한 접근법을 저울질하고 있다.

접근법은 저마다 고유한 특성이 있지만 많은 접근법에 공통적으로 속한 요소가 한 가지 있다(그림 2.15). 세 줄이 가로로 쌓여 있는 모양 때문에 유감스럽게도 흔히 '햄버거≡'로 불리는 아이콘이다.

질의응답 사이트 쿼라[Quora](http://bkaprt.com/rdpp/02-11/)와 BBC(https://bbc.in/2UcyIKc)에 게재된 설명에 따르면, 우리의 귀여운 햄버거 아이콘이 디지털에 최초로 사용된 곳은 제록스 스타[Xerox Star]

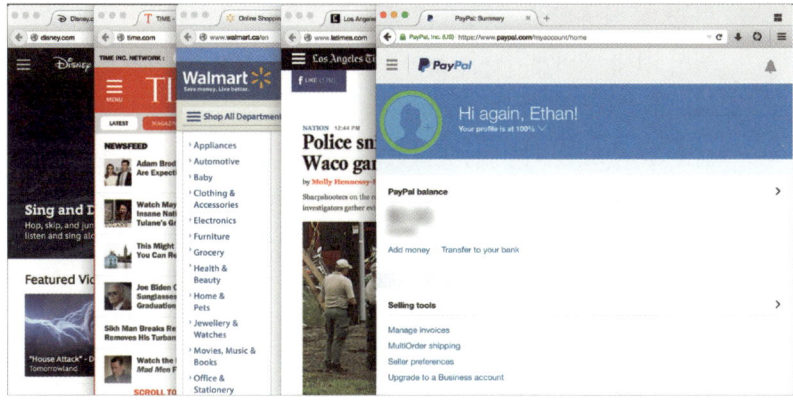

그림 2.15 '햄버거'를 보라. 여러 반응형 내비게이션 시스템에 공통적으로 존재하는 아이콘 토글이다.

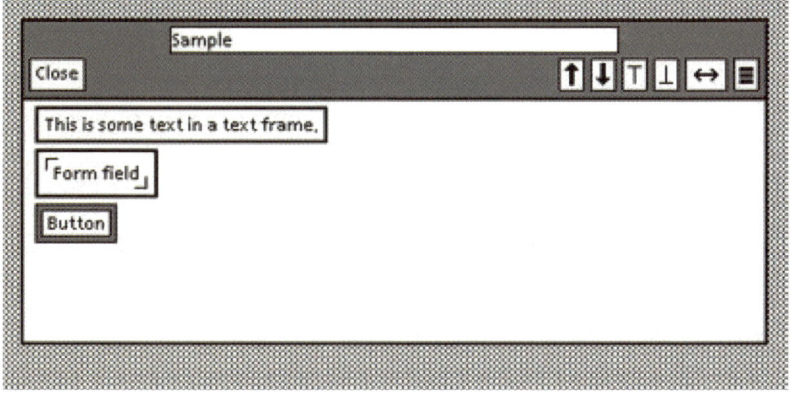

그림 2.16 햄버거는 최근에 훨씬 더 많이 사용되고 있지만 화면에 처음 선보인 것은 1980년대 초반 제록스 스타의 그래픽 인터페이스에서였다(http://bkaprt.com/rdpp/02-11/).

라는 작은 워크스테이션이었다. 1981년에 출시된 제록스 스타는 버튼이 여러 개인 마우스나 윈도우 기반 그래픽 인터페이스 등 현대의 개인용 컴퓨팅 시스템의 여러 기준을 확립했다(그림 2.16).

당시에 ≡ 아이콘은 사용자가 있는 위치에서 맥락에 맞는 메뉴를 여는 데 사용되었다. 하지만 최근에는 특히 해상도가 낮은 사이트에서 전체 내비게이션을 보여주는 클릭 요소로 사용되고 있다. 이 아이콘은 조밀하고 작은 화면에서도 상당히 눈에 잘 띄며 디자인 요소로 넣기도 매우 쉽다. SVG를 사용할 수도 있고(http://bkaprt.com/rdpp/02-13/) 멋진 CSS 기반 애니메이션을 사용할 수도 있으며 (http://bkaprt.com/rdpp/02-14/) 그냥 평범한 HTML 개체(☰)를 사용할 수도 있다.

햄버거 아이콘이 이렇게 장점도 많고 널리 사용되고 있지만 어쩌면 문제가 조금 있을지도 모른다는 점을 환기하고자 한다. 반응형 사이트에 햄버거 아이콘을 무조건 찍어내기 전에 아무래도 그 문제에 대해서 조금 이야기를 해야 할 것 같다. (그건 그렇고, 나 말고 또 배고픈 사람?)

미국 시사주간지 《타임》(http://bkaprt.com/rdpp/02-15/)의 반응형 웹사이트부터 이야기를 시작해보자. 2014년에 선보인 《타임》의 반응형 사이트는 미학이 돋보이기도 하지만 가변 레이아웃 역시 자랑할 만하다(그림 2.17). 페이지마다 콘텐츠가 꽉 차 있는데도 독자를 질리게 만들지 않는다. 색을 단순하게 사용하고 계층 구조가 명확해서 독자는 화면 크기에 상관없이 자신에게 가장 의미 있는 기사를 신속하게 찾아낼 수 있다.

《타임》의 반응형 사이트에서 내가 특별히 인상적이라고 생각하는 부분은 각 페이지에 존재하는 내비게이션 수가 아주 많다는 것이다. 내가 찾을 수 있는 한, 홈페이지에는 개별 내비게이션 요소가 4개나 있다.

1. 넓은 뷰포트에서 페이지 상단에 메뉴바 하나가 나타난다. 사용자가 타임 네트워크에 속한 다른 매체의 웹사이트로 바로 갈 수 있게 해주는 메뉴바이다(그림 2.18).

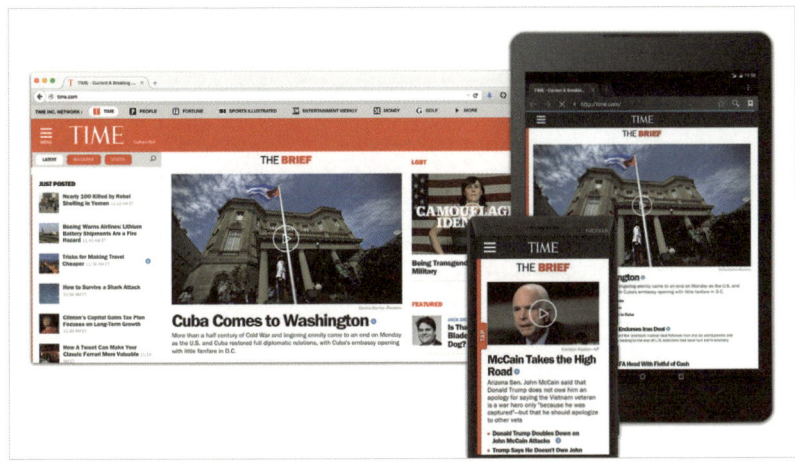

그림 2.17 《타임》의 새로운 반응형 웹사이트는 스타일만큼이나 가변성도 뛰어나다(http://bkaprt.com/rdpp/02-15/).

그림 2.18 페이지 상단의 메뉴는 넓은 뷰포트라는 조건에 따라 로드된다. 넓은 화면에서의 기능 향상인 셈이다.

2. 푸터footer에 웹사이트의 주요 섹션으로 이어지는 링크가 모여 있다(그림 2.19).

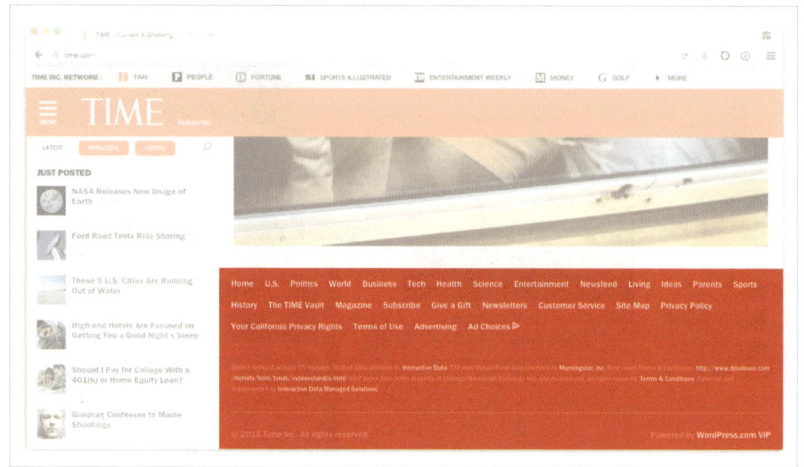

그림 2.19 《타임》의 푸터를 보자. 빽빽하지만 관련 링크들이 풍성하게 제공되어 있다.

3. 페이지 왼쪽 끝에 보충 콘텐츠가 나타난다. 이를테면 홈페이지의 최근 기사 피드, 주식 시세 표시기, 《타임》 사이트 검색 아이콘 등이 보인다. 그러나 이는 넓은 화면에서 볼 경우나. 좁은 화면에서는 'TAP'이라고 적힌 탭^{tab}을 사용자가 누르면 패널이 열리고 콘텐츠가 나타나 페이지 전체를 덮는다. 사용자가 다시 그 탭을 누르거나 클릭하면 패널이 닫힌다(그림 2.20).
4. 주요 내비게이션은 사용자가 햄버거 아이콘을 누르거나 클릭할 때까지 감추어져 있다. 모습을 드러낸 내비게이션은 좁은 화면에서는 페이지 전체를 덮고 넓은 화면에서는 페이지 왼쪽 부분만 덮는다(그림 2.21).

상당히 많은 것 같지만 그래도 《타임》은 화면 밀도의 균형을 잘 유지하는 것 같다. 내용이 많은 내비게이션 메뉴들은 공간이 부족할 때는 숨겨져 있고 화면이 점점 넓어지면서 공간이 충분할 때만

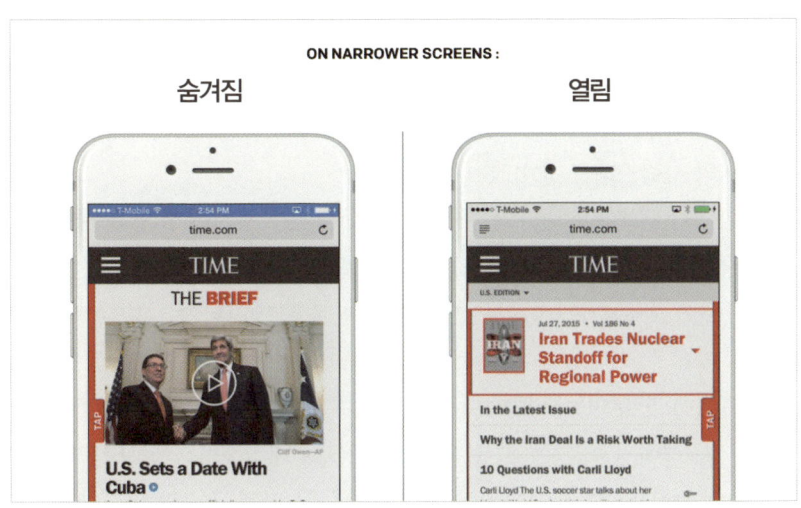

그림 2.20 덜 중요한 콘텐츠는 숨겨진 슬라이더에 있다. 넓은 화면에서는 기본적으로 보이고 좁은 화면에서는 사용자가 누르거나 클릭하여 열기 전까지 숨겨져 있다.

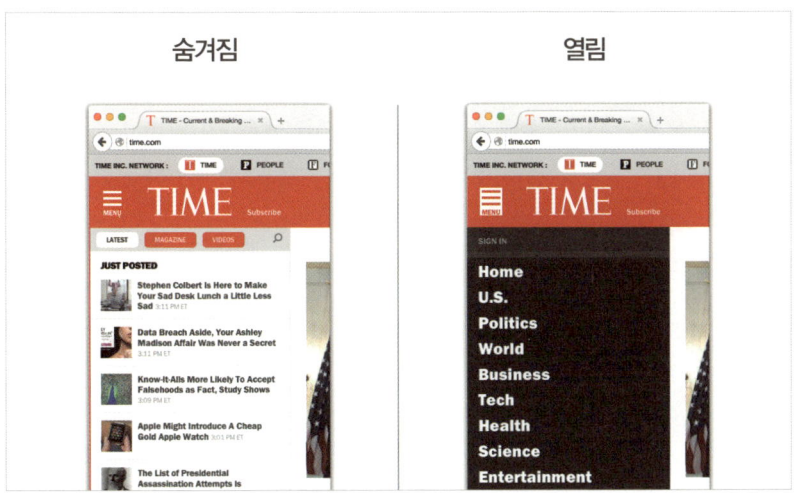

그림 2.21 《타임》의 대표 격인 주요 내비게이션은 햄버거 아이콘 뒤에 감춰져 있다.

2장 내비게이션

나타난다. 그런데 모든 분기점에서 항상 모습을 감추고 있는 내비게이션 요소가 하나 있다. 흥미롭게도 그것은 이 사이트의 주요 내비게이션이며 그것을 고이 접어 뒤에 감추고 있는 것은 바로 우리의 사랑스러운 햄버거 아이콘이다.

사실 Time.com의 반응형 웹사이트가 첫선을 보였을 때만 해도 햄버거는 상당히 새로운 방식으로 여겨졌다. 페이지가 처음 로드될 때 햄버거 아이콘 옆에 오버레이overlay 하나가 나타나 사용자에게 이 아이콘을 이용해 사이트 내비게이션을 펼쳐보라고 알려주었다. 그뿐만 아니라 마우스를 쓸 수 있는 경우에는 마우스 커서를 햄버거 아이콘 위로 올리면 '사이트 내비게이션을 보려면 클릭하세요Click to show site navigation'라고 알려주는 말풍선이 뜨기도 했다(그림 2.22). 다시 말해서 햄버거 아이콘에는 사용법을 설명하는 텍스트가 Menu, 오버레이, 툴팁 등 삼중으로 존재했다. 당시 작업에 관해 알지는 못하지만 이렇게까지 사용법을 설명하려 노력한 데는 그만한 이유가 있었을 것이다. 중요한 내비게이션 요소로서 지니는 햄버거 아이콘의 정체성에 대해 사이트 이해당사자들이 확신을 갖지 못했을 수도 있다. 혹은 사이트를 세상에 내놓기 전에 실시한 사용성 테스트에서 햄버거 아이콘에 대한 사용자 반응이 좋지 못했을지도 모른다.

거듭 강조하지만 나는 단지 추측을 말하고 있을 뿐이다. 하지만 햄버거 아이콘의 사용성 문제는 《타임》이 햄버거 아이콘을 사용하기 전에도 이미 제기된 적이 있다. 디자이너 제임스 포스터James Foster는 대규모 사이트의 반응형 내비게이션에 관한 사용성 연구를 통해 Menu라는 단어가 아이콘 하나보다 지속적으로 더 좋은 성과(12.9퍼센트 더 높은 전환율로)를 낸다는 사실을 발견했다. 결과를 접한 그의 팀은 반응형 내비게이션에서 햄버거 아이콘 대신 조금 더 설명적인 요소를 선택했다. 이런 현상은 웹사이트에서만 발견되

그림 2.22 마우스 커서를 올리면 유용한 정보가 뜨는 《타임》의 햄버거 아이콘

는 것이 아니다. 영국 마케팅 업체 빔리[Beamly]의 네이티브 앱을 디자인한 디자이너들은 감출 수 있는 슬라이드형 내비게이션 대신 항상 눈에 보이는 내비게이션을 선택했더니 사용자가 앱에서 보내는 시간과 만족도가 크게 상승했다는 사실을 발견했다(http://bkaprt.com/rdpp/02-17/).

그렇다고 온 세상에 널리 쓰이고 있는 귀여운 햄버거 아이콘이 제 역할을 제대로 못한다는 말은 아니다. 《타임》 사이트에서는 아주 잘하고 있지 않은가? Booking.com의 UX팀은 사용자에게 설문조사를 한 결과, 햄버거 아이콘이 그들 사이트에서는 그리고 그들

사이트를 방문하는 사용자에게는 아무 문제없이 제 역할을 한다는 사실을 알게 되었다(http://bkaprt.com/rdpp/02-18/). 그리고 햄버거 아이콘을 Menu라는 단어로 바꾸는 것은 사용자들에게 이렇다 할 영향을 주지도 않았다.

같은 햄버거를 놓고 어떤 사이트에서는 좋지 않다고 말하고 또 어떤 사이트에서는 아주 좋다고 말한다. 왜 그럴까? 모순되는 결과 같지만 이는 결국 햄버거 아이콘도 다른 디자인 패턴처럼 각자의 사이트에서 테스트해볼 가치가 있다는 사실을 말해주는 결과라고 본다. Booking.com의 미셸 페헤이라Michel Ferreira는 햄버거 아이콘을 변호하면서 그 점을 정확히 지적했다.

> 우리 모두 여기에서 A/B 테스트의 본성에 관한 교훈을 얻을 수 있다. 어떤 UI 요소, 패턴, 기능 등을 테스트할 때 결코 그것만을 단독으로 테스트할 수 없다. 테스트를 할 때는 굉장히 구체적인 시나리오 안에서 굉장히 구체적인 사용자층을 대상으로 테스트해야 한다. Booking.com에는 효과적이었던 것이 여러분과 여러분의 사용자에게는 효과적이지 않을 수도 있다. 바로 그렇기 때문에 A/B 테스트를 하는 것이다. 다른 이들이 테스트를 통해 얻어낸 결과물은 …… 우리 고객, 우리 플랫폼을 대상으로 테스트하기 전까지는 검증된 것이라고 말할 수 없다.

멋진 말이다. 햄버거 아이콘 자체가 근본적으로 잘못된 것은 아니지만 모든 반응형 내비게이션 시스템에 안전하게 쓸 수 있는 기본 요소라고 단정 지어버리는 것은 문제가 될 수 있다. 결국, 어떤 사이트에는 효과적인 것이 내 사이트에는 효과적이지 않을 수도 있는 것이다. 햄버거를 쓰고 싶다면 마음껏 써도 좋다! 단 반드시 테스트를 거치고 난 후에 사용자에게 햄버거를 대접해야 한다.

슬라이드 딜레마

아이콘 문제는 잠시 옆으로 밀어놓자. 왜냐하면 내비게이션을 감추는 기능에 관한 또 다른, 어쩌면 더 큰 문제가 있기 때문이다.

2012년에 출시한 Disney.com의 반응형 사이트를 살펴보자. 반응형 외관만큼은 아름답다. 화려한 이미지와 동영상 그리고 디즈니에 속한 다양한 회사가 제공하는 콘텐츠로 가득해 사용자를 빠져들게 한다. 특히 유명한 브랜드 아우라를 잃지 않으면서도 반응형 디자인을 잘 살려냈다(그림 2.23). 그리고 요즘 대부분의 반응형 사이트처럼 이들도 내비게이션에 햄버거를 넣기로 했다. 작거나 중간 크기의 분기점에서 햄버거를 터치하면 사이트 내비게이션이 모습을 드러낸다(그림 2.24). 그러나 그렇게 모습을 드러낸 내비게이션에는 디즈니가 월드 와이드 웹에서 지금까지 만든 모든 링크가 다 들어가 있는 것 같았다. 나는 이 내비게이션에서 3~4단계 계층을 내려가서 1998년에 내가 디자인한 지오시티Geocities[2]의 디즈니 페이지를 보기도 했다.

그렇다. 나는 지금 약을 올리고 있다. (미안, 미키마우스.) 하지만 애정에서 우러나온 것이다. 디즈니의 내비게이션은 레이아웃과 미적인 측면은 유려하게 구현되어 있는 데 반해 내비게이션을 감추는 기능과 관련해서는 디자인적으로 더 큰 문제를 노출하고 있다. 그 문제란, 메뉴를 감출 수 있다고 해서 그 메뉴에 엄청나게 많은 그리고 도움도 되지 않는 링크들을 마구 집어넣는 것이다. 애플 사용자 경험 에반젤리스트 마이크 스턴Mike Stern은 iOS 앱에서 흔히 맞닥뜨리게 되는 디자인 문제들을 논의하면서 감추어진 내비게이션 슬라이드와 관련된 여러 문제를 이야기했다(http://bkaprt.com/rdpp/02-

---

2 사용자가 웹 페이지를 개설할 수 있는 웹호스팅 서비스다. 현재는 야후 재팬 소유로 일본에서만 서비스되고 있다.

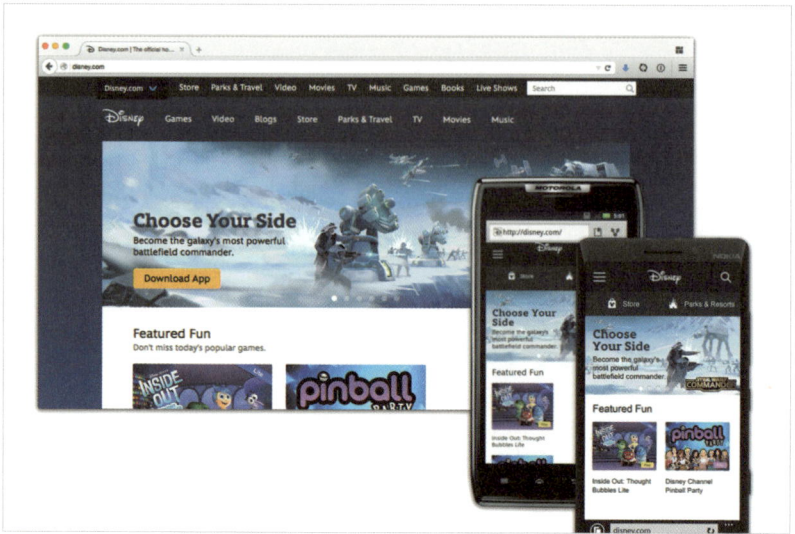

그림 2.23 반응형으로 아름답게 다시 디자인된 Disney.com 사이트

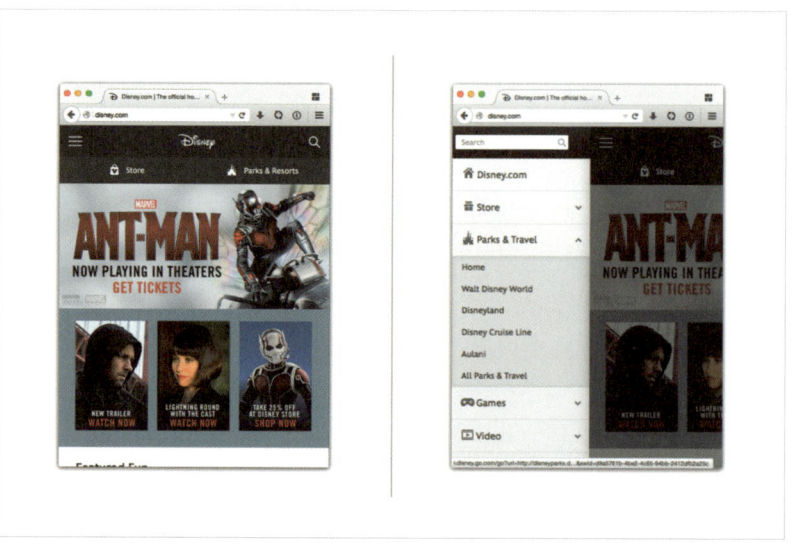

그림 2.24 점진적 원리에 따라 내비게이션을 드러내는 디즈니 사이트. 햄버거도 함께 보인다.

19/). 비록 스턴의 디자인 비평 대부분이 iOS 앱에 관련된 것이기는 하지만 그가 마지막으로 강조하는 사항은 네이티브 앱과 웹의 구분을 떠나 디지털 디자이너라면 누구에게나 의미 있는 내용이다.

> 많은 옵션을 제공하는 것의 단점은 많은 옵션을 제공할 수 있게 된다는 점이다. 이는 곧 여러분이 실제로 많은 옵션을 제공하게 될 것이라는 이야기다. 오용과 남용의 잠재력은 엄청나다. …… 보라. 슬라이드는 어떤 종류든 상관없이 쓰레기로 꽉 차버리는 나쁜 경향이 있다.

전적으로 동의한다. 내비게이션을 감추었다가 드러내는 여러 반응형 사이트처럼 디즈니의 내비게이션 슬라이드도 시각적으로는 아름답지만 콘텐츠 과잉으로 몸살을 앓고 있다. 조건에 따라 모습을 드러내는 방식의 내비게이션 패턴은 과감하게 선별된 내부 콘텐츠와 짝을 이룰 때 최상의 효과를 보인다. 루크 로블르스키^{Luke Wroblewski}는 '모바일 우선주의'에 관해 쓴 독창적인 에세이에서 디자인 프로젝트를 작은 화면에서부터 시작하면 제품뿐만 아니라 제품을 사용하는 사용자에게도 큰 도움이 될 것이라고 지적한다(http://bkaprt.com/rdpp/02-20/).

> 소프트웨어 개발팀은 모바일 기기용 앱을 개발할 때 가장 중요한 데이터와 액션에만 중점을 두어야 한다. 320×480 픽셀 화면에는 불필요하고 관련 없는 요소가 들어갈 자리가 없기 때문이다. 우선순위를 정해야만 한다. 그래서 모바일 우선주의로 디자인을 하면 최종 결과물의 경험은 사용자가 달성하고 싶어 하는 핵심과제에 초점이 맞춰 있다. 오늘날 데스크톱에서 웹사이트에 접근할 때 보이는 어지러운 인터페이스 잡동사니나 관련 없는 우회로 같은 것들은 몽땅 제거되어 있다. 그것이 바로 훌륭한 사용자 경험이며 이는 비즈니스

에도 도움이 된다.

"우선순위를 정해야만 한다." 이것이 핵심이다. 우리는 작은 화면을 렌즈로 삼아, 내비게이션을 포함한 디자인의 모든 측면을 관찰해야 한다. 만약 어떤 것을 단지 '크기가 맞지 않는다'는 이유로 작은 화면에서 감추고 있다면, 잠깐 멈추고 혹시 더 큰 문제가 있는 것은 아닌지 살펴봐야 한다. 즉 어떤 요소를 작은 화면에서는 가치가 없다는 이유로 감추거나 없애고 있다면, 반대로 그 요소의 디자인과 콘텐츠를 더 단순하게 해서 그 요소가 작은 화면에서도 동작하게 만들 수 있지 않을까? 아니면 그 요소는 어떤 화면에서도 가치가 없는 것은 아닐까?

나는 반응형 내비게이션 시스템 작업을 어렵게 느끼는 주된 이유가 바로 거기에 있다고 생각한다. 흔히 데스크톱 우선이라는 생각으로 디자인한 다음 더 작은 화면에 끼워 맞추려고 한다. 그러나 사용자가 내비게이션 슬라이드를 열어서 온갖 쓸모없는 잡동사니 링크를 찾아낸다면, 보이기/숨기기 토글은 과연 누구에게 도움이 되는 것일까? 정리하자면, 조건에 따라 디자인 일부를 감추는 기능은 특히 내비게이션에 대단히 유용하다고 생각한다. 불필요한 정보와 기능을 덜어내면 사용자의 인지 부하도 줄일 수 있고 사이트 접근성도 더 높일 수 있다. 그러나 이런 유용한 기능도 쉽게 오용될 수 있다. 진정으로 모바일 우선주의 디자인을 하고자 한다면, 콘텐츠의 진정한 가치에 대한 어려운 논의를 피해가기 위해 보이기/숨기기 토글을 사용해서는 안 된다.

결국 사용자가 모바일로 이동하는 추세가 뚜렷하다면, 넓은 화면용으로 디자인된 복잡한 요소가 작은 화면에서도 잘 동작되게 작업하는 방식을 멈춰야 한다. 그 대신 작은 화면 사용자의 요구 사항을 우선적으로 고려해야 한다.

대안으로 삼을 수 있는 패턴

이미 널리 쓰이는 디자인 패턴을 사용하는 것은 당연히 좋은 일이다. 만약 사용자가 햄버거 아이콘과 같은 상징을 다른 곳에서도 써 본 적이 있어 이미 친숙하다면 그 상징을 그대로 사용해서 진입 장벽을 낮추고 내비게이션을 더 직관적으로 만들 수 있다. 이를 결코 가벼이 여겨서는 안 된다. 어떤 요소의 친숙함은 사이트나 사용자에게 커다란 혜택을 줄 수 있다.

그러나 디자인 패턴의 유용성을 평가할 때 오직 널리 사용되고 있는지만 따져서도 안 된다. 패턴이란 결국 패턴일 뿐이고 규칙이나 기본적으로 지켜야 할 사항은 아니다. 사실 실무 현장에는 우리가 대안으로 삼을 수 있는 어느 정도 새로운 내비게이션 패턴도 있다. 그중 몇 가지를 살펴보자.

점진적으로 드러내기

우리가 반응형 내비게이션에 접근하는 방식은 시각적인 측면에서 생각할 때 어느 정도 이진법처럼 작용한다고 할 수 있다. 완전히 보이거나 아니면 완전히 숨겨지거나 둘 중 하나다. 그런데 이런 접근 방식에 도전하는 사이트들이 있다. 이들은 쓸 수 있는 공간을 언제나 최대한 활용하는 내비게이션 시스템을 디자인하고 있다.

BBC는 반응형 디자인 실험을 꽤 오랫동안 공개적으로 해오면서 BBC뉴스의 m.사이트[3]를 완전히 반응형으로 다시 디자인했다. BBC뉴스의 반응형 디자인은 처음에는 모바일 사용자만 접근할 수 있었지만 결국에는 모든 사용자가 모바일, 태블릿, 데스크톱, 기

---

[3] m.example.com과 같이 모바일에서 접근하면 example.com과 같은 데스크톱용 사이트 주소 대신 로드되도록 별도 제작한 모바일용 사이트다.

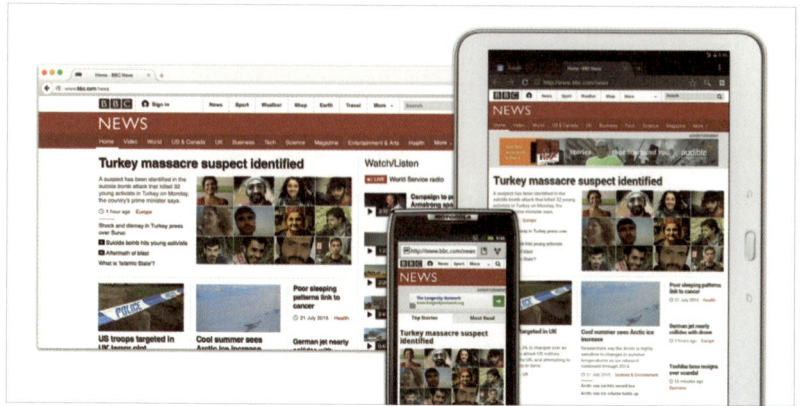

그림 2.25 가변적이고 빠르며 탄력적이다. BBC뉴스의 반응형 사이트는 모바일 전용으로 시작했지만 이윽고 모든 사용자가 기본적으로 경험하게 되었다.

타 어떤 기기에서든 기본적으로 반응형 디자인을 경험할 수 있게 되었다(http://bkaprt.com/rdpp/02-21/)(그림 2.25).

이 사이트의 내비게이션은 두 단계로 이루어져 있다. 사이트 상단의 글로벌 내비게이션에는 BBC 네트워크에 속한 다른 사이트의 링크가 있으며, 그 아래 메뉴에는 BBC뉴스의 항목별 링크가 모여 있다(그림 2.26). 내비게이션 둘 다 콘텐츠 양이 적지 않은데 BBC뉴스는 단순히 감추지 않고 점진적으로 드러내는 패턴을 사용했다. 가장 작은 수준의 화면에서는 추가 링크를 보이거나 감추도록 토글하는 요소가 각 메뉴에 하나씩 포함된다. 최상단 메뉴에서는 More 링크가, BBC뉴스 내비게이션에서는 햄버거 아이콘으로 동작되는 Sections 링크가 그런 역할을 한다.

그러나 두 내비게이션이 점차 넓어지면 흥미로운 일이 발생한다. 각 내비게이션은 단순히 토글 요소를 치워버리지 않고 숨겨져 있던 패널에서 링크를 점점 바깥으로 꺼낸다. 아직 차례가 되지 않아 여전히 가려진 링크는 More 링크나 Sections 버튼을 터치 혹은 클릭해서 접근하면 된다. 디자인이 계속해서 넓어질수록 더 많은 링

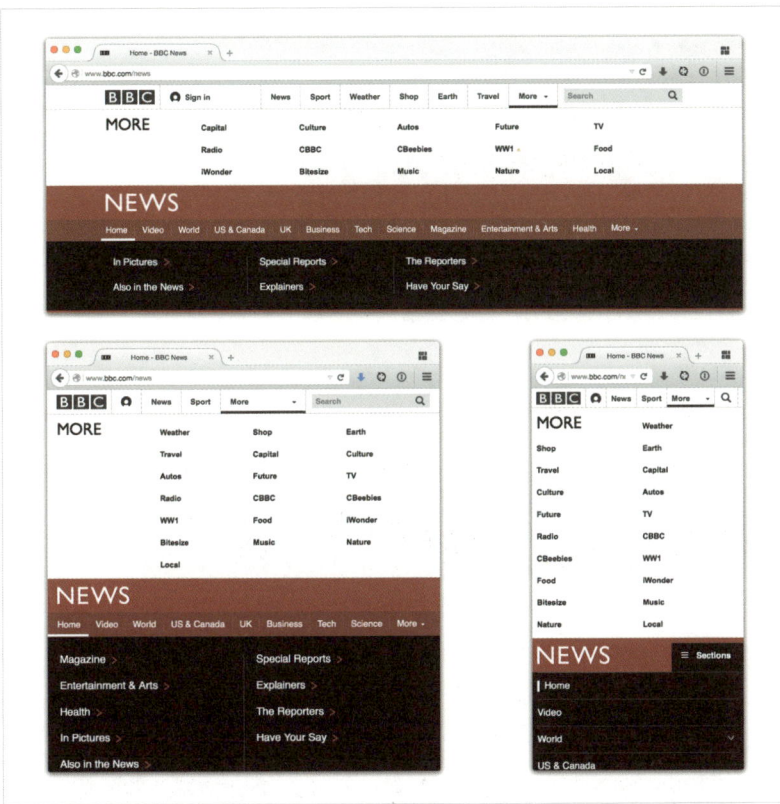

그림 2.26 BBC뉴스 사이트의 두 가지 내비게이션이 여러 분기점에서 보이는 모습

크기 점진적으로 모습을 드러낸다. 따라서 글로벌 내비게이션 메뉴의 경우 낮은 분기점에서는 News와 Sport 정도의 링크만 보이다가 뷰포트가 조금 더 넓어지면 Weather, Shop, Earth 등의 링크도 보이게 된다(그림 2.27).

짐작했겠지만 이는 자바스크립트를 활용한 결과물이다. 페이지가 로드될 때, 페이지 크기가 변경될 때 혹은 휴대용 기기의 브라우저에서 페이지 방향이 바뀔 때면 BBC는 브라우저 뷰포트 너비

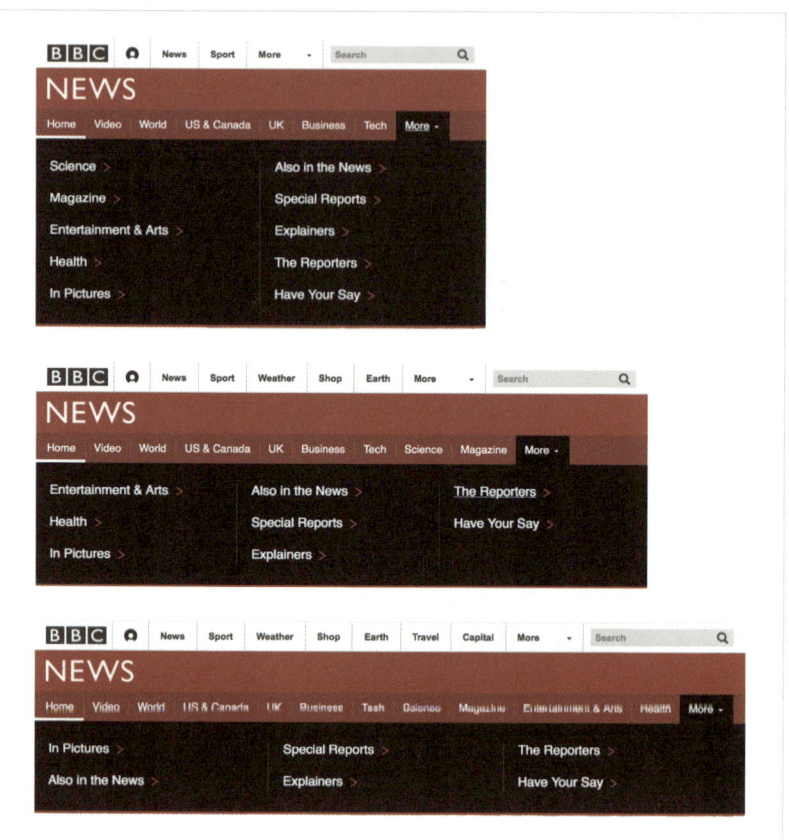

그림 2.27 BBC뉴스의 항목별 메뉴는 글로벌 내비게이션과 마찬가지로 링크를 점진적으로 드러낸다. 드러나지 않은 링크는 More 드롭다운에서 언제든지 접근할 수 있다.

를 측정한 뒤 그 너비를 바탕으로 각 메뉴에서 특정 링크를 보이거나 감춘다. More 혹은 Sections를 터치 혹은 클릭하면 확장되는 패널 역시 자바스크립트를 통해 생성되며, 특정 분기점에서 감춰지는 링크는 전부 그 패널 안에 채워진다.

《가디언》의 내비게이션도 비슷한 접근 방식을 사용한다. 《가디언》은 자바스크립트보다 CSS에 더 의존하지만 점진적으로 링크를 드러내는 것과 동일한 원리를 일부 포함하고 있다.《가디언》의 개발자 블로그에서 제품 매니저 크리스 멀홀랜드 Chris Mulholland는 메뉴를 하이브리드적인 결과물이라고 했다. 대부분의 반응형 사이트처럼 보이기/숨기기 토글도 있는 한편 핵심 요소들은 어떤 순간에도 사라지지 않고 보인다(http://bkaprt.com/rdpp/02-22/).

우리는 너비가 좁은 화면에 우선순위를 두었다. 하지만 옆으로 스크롤하면 동등한 관계에 있는 메뉴 혹은 최상위 메뉴에 접근할 수 있다.

만약 옆으로 스크롤하는 것이 마음에 들지 않는다면 그냥 'All Sections'를 선택하여 현재 위치부터 사이트 전체에 접근할 수 있다.

또한 우리는 하위 메뉴를 찾아가는 것도 더 수월하게 만들고자 했다. 예를 들어 지금 Culture의 어느 하위 메뉴에 있다면 순서상 그다음에 오는 하위 메뉴가 항상 보인다. 그 링크들은 마치 캐러셀 carousel처럼 순환하므로 클릭하면서 메뉴를 찾아가기가 더 쉬워진다.

《가디언》은 단순히 내비게이션 전체를 감추려 하기보다는 스크롤이 가능한 컨테이너에서 최상위 카테고리를 나타내기로 했다(그림 2.28). 여러분이 상상하듯 스크롤이 가능한 영역은 좁은 뷰포트에서는 상당히 작아지는데 그래도 사용자는 캐러셀과 같은 레이아웃을 통해 자신에게 더 의미 있는 정보를 찾아갈 수 있다. 만약 원하는 정보를 찾을 수 없을 때에는 뷰포트 크기와 상관없이 All Sections 링크를 선택할 수 있다. 그러면 사이트 전체를 포괄하는 복잡한 다층 구조의 내비게이션이 나타난다(그림 2.29).

요컨대 디자인 형태가 재설정되어도 내비게이션의 구조는 크게 바뀌지 않는다. 사이트를 화면이 가장 좁은 스마트폰에서 보든 가

그림 2.28 《가디언》은 내비게이션에 다른 종류의 점진적으로 드러내기 패턴을 채택했다.

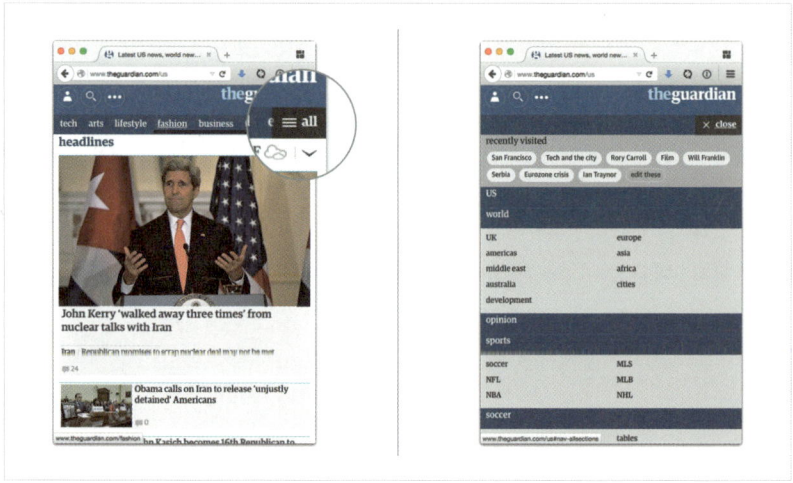

그림 2.29 뷰포트 너비에 상관없이 《가디언》의 내비게이션에는 사이트 구조를 볼 수 있는 복잡한 지도를 표시하는 토글이 제공된다.

장 넓은 평면 디스플레이에서 보든 언제나 동일하게 스크롤이 가능한 영역이 존재하고 그 오른쪽에는 확장 가능한 메뉴가 위치한다. 우리가 이 장에서 지금까지 봐왔던 다른 내비게이션 패턴에 비하면 《가디언》의 내비게이션은 일관성이라는 면에서 거의 새로운 수준이라고 볼 수 있다.

반응형을 위한 태도

기술적인 세부 사항을 제외하고 《가디언》의 내비게이션에서 특히 좋았던 점은 개발 과정이다. 내비게이션에 대해 정리해놓은 크리스 멀홀랜드의 글로 다시 돌아가보면, 크리스는 메뉴 디자인에 도움이 된 요인으로 세 가지를 언급하고 있다. 첫째는 디자인 목표를 정밀하게 분석하는 것, 둘째는 가능하다고 여겨지는 해결책 여러 개를 빠르게 실행해보는 것, 마지막은 사용자를 디자인 프로세스에 최대한 일찍 참여시키는 것이다. 어쩌면 마지막이 제일 중요한 요인일 수도 있다(http://bkaprt.com/rdpp/02-22/).

> 우리는 독자가 원하는 바를 추측하고 가정할 수도 있지만 프로토타입을 최대한 일찍 내놓는 것이 가장 좋은 방법임을 알고 있다. 《가디언》의 웹사이트에서 매일 방문하는 독자들을 사용자 패널에 초대하여 그들에게 여러 아이디어에 관해 피드백을 주고 새로운 웹사이트를 만드는 것을 도와달라고 요청했다. 그 사용자 패널에게 로파이 low-fi 프로토타입[4]을 계속해서 보낸 것은 정말 귀중한 자산이 되었다. …… 그다음에는 완전한 현실성을 갖추고 콘텐츠와 함께 동작할 수 있게 된 프로토타입을 개발했다. …… 사용자 테스트는 우리에게 놀라운 결과를 가져다주었고 생각지 못한 다른 길로 인도하기도 했다. 하지만 결국 정기적으로 방문하는 사용자든 처음 방문하는 사용자든, 가장 명백하게 보이는 메뉴와 가장 깊이 감추어진 메뉴 어디든 찾아갈 수 있을 것이라는 굳은 확신을 갖게 되었다.

디자인 에이전시 'Work&Co'의 파트너 조 스튜어트도 버진 아

---

[4] low fidelity prototype. 주로 초기에 빠른 피드백을 얻기 위해 제품의 개념을 빠르고 간단하게 실물 형태로 표현한 프로토타입이다. 하이파이(hi-fi) 프로토타입에 비해 시각적인 측면보다 기능적인 측면에 더 초점을 맞추게 된다.

메리카 항공의 새로운 반응형 사이트 디자인 작업을 설명하면서 이와 비슷한 이야기를 했다. 즉 프로토타이핑은 단지 디자인 프로세스에 영향을 끼치는 정도가 아니라 디자인 프로세스 그 자체였다는 것이다. 그들은 고객에게 웹 페이지의 정적인 목업은 아예 보여주지도 않았다고 한다(http://bkaprt.com/rdpp/02-23/).

> 프로토타이핑은 우리가 최고로 꼽는 도구다. 그래서 '버진 아메리카' 같은 프로젝트에 임할 때 우리의 철학은 일단 최대한 빨리 프로토타입을 만들어내는 것이다. 실제로 발표 준비는 한 번도 하지 않았고 프로토타입만 꾸준히 만들어서 버진 아메리카팀과 처음 만난 자리에서부터 반응형 프로토타입을 보여주었다.

최근 들어 디자인 작업을 시작할 때부터 곧장 HTML과 CSS에 뛰어들어 '브라우저에서 디자인'을 시작해야 하는가에 대해 무시할 수 없는 수준의 논의가 이어져오고 있다. 단지 프로토타입 레이아웃을 만들기 위해서만이 아니라 창조적인 작업 자체를 실제로 브라우저에서 곧장 시작해야 한다는 것이다. 그렇게 했을 때 실제로 도움이 되는 면도 있다. 브라우저는 완벽하게 가변적인 캔버스로, 데스크톱에서 쓰는 디자인 도구 중 어떤 것도 브라우저가 태생부터 지니고 있는 반응형 특성을 따라갈 수 없기 때문이다.

그런 주장에 나도 어느 정도는 동의한다. 하지만 그런 접근 방법도 결국에는 디자이너와 보조를 맞추어야 한다고 생각한다. HTML과 CSS가 더 편하다면 더할 나위 없다. 하지만 전통적인 도구를 써서 더 신속하게 작업할 수 있다면 굳이 손에 익어 믿을 수 있는 도구를 버리면서까지 코드 에디터를 열어야 할 이유는 없다. 도구는 각각 장단점이 있으며 어떤 도구를 쓰더라도 반응형 디자인이라는 목적지에 먼저 데려다줄 수 있는 도구를 선택해야 한다는 것을 인정하는 것이 더 중요하다. 조 스튜어트도 버진 아메리카 인터뷰에서 이와 같은 말을 했다.

> 나는 아직도 '포토샵'을 쓴다. 포토샵으로 작업할 때가 가장 빠르기 때문이다. 많은 사람이 '스케치' 같은 것으로 넘어가고 있다는 것은 알지만 스케치를 쓰면 포토샵만큼 빠르지 않다. 내 디자인 파트너 펠리페^{Felipe}는 모든 작업에 '일러스트레이터'를 쓴다. 그것을 쓸 때 가장 빠르기 때문이다. 어떤 도구를 사용하느냐는 그다지 중요하지 않다고 생각한다. 어떤 결과물을 만들어내서 누군가의 손에 건네주고 피드백을 받는 것, 그것이 우리의 목표다. 어떤 도구를 쓰든 그 목표에 도달하는 것이 중요하다.

'브라우저에서 디자인'하는 것을 둘러싸고 많은 논의가 진행되고 있지만 그렇다고 컴프^{comp5}가 디자인 도구로서 수명을 다했다는 이야기는 아니다. 앞서 버진 아메리카의 디자인 작업에서 봤듯이 포토샵과 스케치 같은 도구는 스케치하고 레이아웃을 구상하고 미관을 개선, 논의하는 데 여전히 유용하다. 다만 컴프가 종착점으로서 갖는 중요성, 즉 고객 앞에 놓이게 되는 디자인 문서로서 혹은 최종 시안으로서 갖는 중요성은 이제 떨어지는 모습을 보이고 있다고 생각한다. 물론 디지털 에이전시나 디자인팀들은 여전히 포토샵이나 일러스트레이터로 목업을 제작해 미학이나 구성을 논의하는 데 사용하고 있다. 하지만 우리가 디자인할 때 고려해야 하는 네트워크의 불안정함, 사용자 기기의 다양한 상호작용 모드, 웹에 포진된 캔버스의 가변성 등을 반영하는 디자인 도구는 우리 업계

---

5 comprehensive의 줄임말로 디자인 프로세스에서 최종 제품에 가장 가까운 시안을 가리키는 용어다. 여기에서는 포토샵과 같은 전통적인 도구를 사용해 제작한 정적인 최종 시안을 뜻한다고 볼 수 있다.

에 존재하지 않는다.

　내 동료 댄 몰^{Dan Mall}은 우리가 반드시 브라우저에서 디자인하려고 노력할 필요는 없지만 반드시 브라우저에서 결정하려고 노력해야 한다고 했다(http://bkaprt.com/rdpp/02-24/). 만약 일러스트레이터에서 스케치하는 것이 편하고 키노트^{Keynote}에서 상호작용을 프로토타이핑하는 것이 편하다면 계속 하면 된다. 하지만 《가디언》의 크리스 멀홀랜드가 이야기한 것처럼 여러분과 여러분의 고객, 이해 당사자, 사용자가 손에 쥐고 상호작용할 수 있는 기기 및 브라우저에서 디자인을 조금이라도 더 빨리 구현해내는 것이 중요하다.

> 우리는 독자가 원하는 바를 추측하고 가정할 수도 있지만 프로토타입을 최대한 일찍 내놓는 것이 가장 좋은 방법임을 알고 있다.

　이보다 더 맞는 말도 없다. 가능하다면 언제라도 우리는 포토샵 문서보다 프로토타입을 우선해야 한다. 물론 컴프도 가치가 있지만 최대한 많은 브라우저와 기기에서 실시간으로 프로토타입을 검토하는 것에 필적할 수는 없다. 디자인이 추구하고자 하는 바를 점검하고 디자이너가 제대로 하고 있음을 확인시켜줄 수 있는 것은 브라우저와 기기다.

융통성 있는 레이아웃

아무리 디자인의 의도, 계획, 과정이 좋아도 그 결과가 처음에 짐작했던 것과 같지는 않다. 그럴 때는 작업물의 일부를 다시 점검해야 한다. 특히 반응형 내비게이션 시스템의 경우에는 더욱 그렇다. 《가디언》팀도 현재의 접근법에 도달할 때까지 무수히 많은 시도를 거치며 결과물을 여러 번씩 확인했다. (그들은 앞으로도 계속 정제하고 수

정할 것이다.) 이메일 마케팅 서비스업체 '메일침프'는 웹 앱의 반응형 내비게이션에서 고정 툴바 때문에 다른 인터페이스 요소들이 시야에 들어오지 않을 때가 많다는 것을 발견했다. 그래서 레이아웃을 더 단순하게 만들었는데 단지 그 문제만 해결된 것이 아니라 메뉴의 사용성까지도 크게 개선되었다(그림 2.30).

메일침프의 작업은 우리가 지금까지 살펴본 내비게이션 패턴의 대안이 될 수 있다. 즉 복잡한 접근법을 택하는 것보다는 복잡함을 아예 덜어낼 기회를 찾는 편이 더 나을 수 있다는 것이다. 간단하게 레이아웃을 바꾸는 것이 엄청난 효과를 불러올 수 있는데 굳이 내비게이션을 감추거나 숨겨야 할 필요는 없다.

필라멘트그룹의 반응형 사이트가 딱 그렇다. 홈페이지에서 내비게이션은 결코 가려지는 일이 없다. 넓은 화면에서는 내비게이션이 페이지 상단에 위치하며 좁은 화면에서는 메뉴 링크들이 회사로고와 슬로건 바로 아래에 가지런히 정렬된다(그림 2.31). 필라멘트그룹 사이트에서 내비게이션 중요도를 감안하면 이런 방식은 자연스러운 선택이다. 링크는 중요한 이정표 역할을 하므로 그에 걸맞은 대접을 받는 것이다.

그러나 이런 방식은 오직 홈페이지에만 적용된다. 필라멘트그룹은 사이트 내부 페이지를 작은 화면에서 볼 때는 보이기/숨기기 토글을 채택하여 필요한 만큼 공간을 확보한다(그림 2.32). 이 또한 좋은 선택이라고 생각한다. 사이트 내부 페이지에서는 콘텐츠가 우선 대상이므로 펼치고 접을 수 있는 요소 뒤로 내비게이션을 옮기는 것은 합리적인 결정이다. 필라멘트그룹의 사이트는 패턴을 반드시 사이트 전체에 걸쳐서 일률적으로 적용할 필요가 없다는 사실을 깔끔하게 보여준다. 우리는 작업에서 어떤 패턴을 어떻게, 어디에, 왜 사용할지 선택적으로 접근하여 하나하나 미묘한 의도를 담을 수 있다.

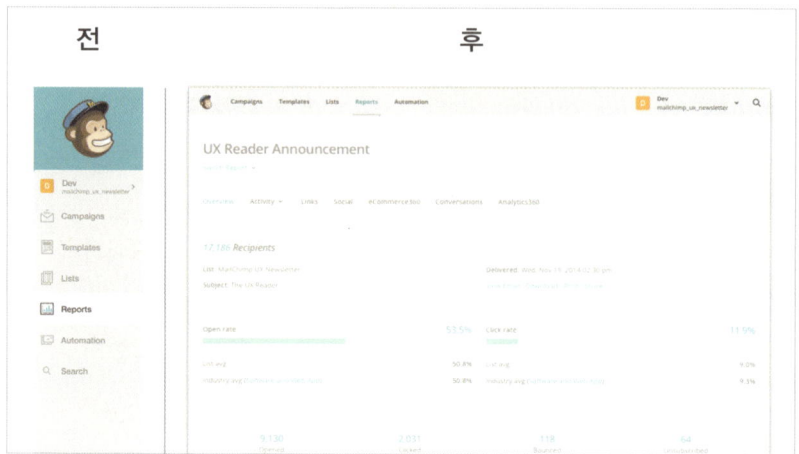

그림 2.30 메일침프 앱의 내비게이션. 단순화 작업을 하기 전과 후의 모습이다.

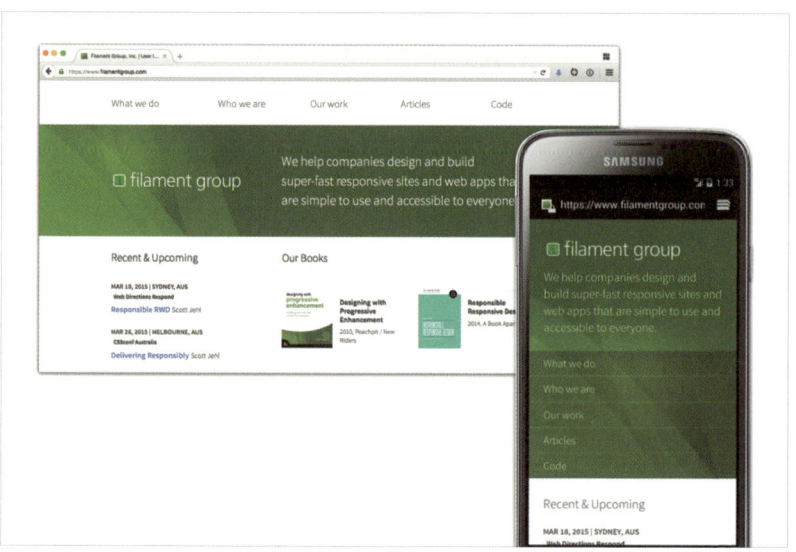

그림 2.31 필라멘트그룹 사이트의 내비게이션은 매력적이며 홈페이지 뷰에서 결코 사라지지 않는다 (http://bkaprt.com/rdpp/02-26/).

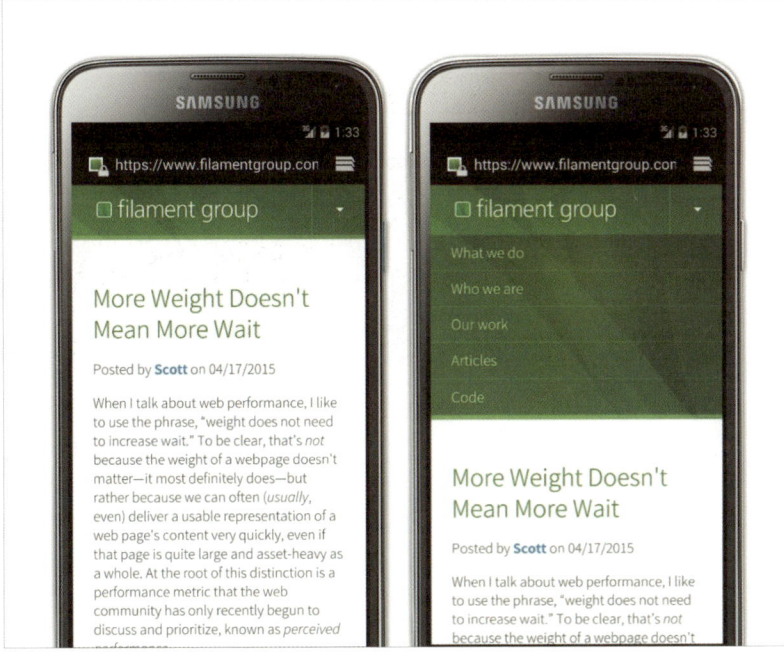

그림 2.32 필라멘트그룹은 사이트 내부 페이지에서는 작은 화면일 때 확장 가능한 메뉴 링크를 사용하여 내비게이션을 숨기고 콘텐츠를 무대 중심에 놓는다.

프랭크 키메로Frank Chimero의 반응형 디자인은 내가 좋아하는 디자인 중 하나다. 특히 프랭크가 내비게이션에서 채택한 예의 그 융통성 있는 접근법이 좋다(그림 2.33). 화면이 아무리 크거나 작아도 내비게이션은 결코 뷰에서 감춰지지 않는다. 또한 프랭크는 내비게이션이 그저 잘 맞는 정도가 아니라 어떤 화면에서도 매우 편하게 느껴지도록 내비게이션에 상당히 공을 들였다.

대다수의 메뉴 기준에서 볼 때 이 두 사이트의 내비게이션은 상당히 가벼운 편에 속하며 링크는 불과 몇 개밖에 되지 않는다. 그래서 약간의 가변성을 얻을 수 있었던 것이다. 더 포괄적인 링크 모음

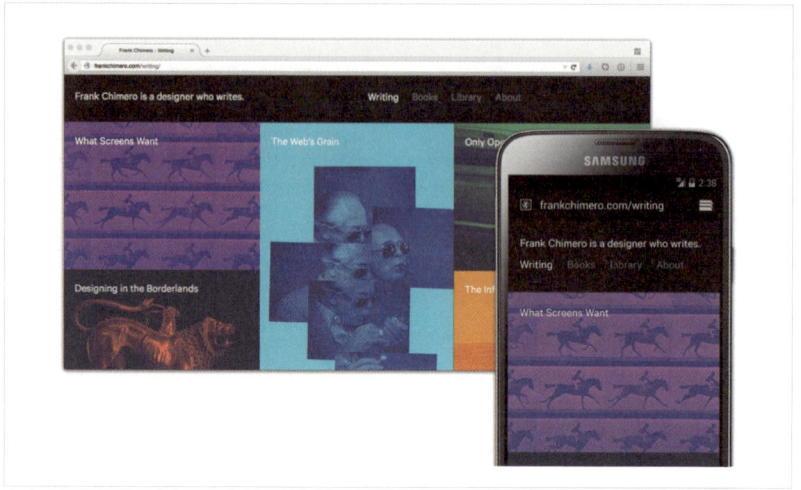

그림 2.33 프랭크 키메로의 아름다운 반응형 사이트. 내비게이션이 잘리지도, 감춰지지도 않는다.

에는 더 무거운 접근, 더 복잡한 디자인 패턴이 필요할 수 있다. 어쩌면 햄버거가 필요할지도 모른다. 이 두 사이트가 더 가벼운 접근법을 받아들일 수 있었던 것은 디자인이 우수해서라기보다 콘텐츠가 잘 집약되고 농축되어 있기 때문이라고 생각한다.

우아한 동시에 복잡한 반응형 내비게이션 시스템이 존재할 수 없다는 이야기는 아니다. BBC와《가디언》을 보면 알 수 있다. 우리는 웹에서 직면하는 모든 과제에 대해 인터페이스를 단순하게 만들 기회를 끊임없이 모색해야 한다. 반응형 내비게이션이 더 단순해질 기회를 찾아낼수록 우리는 좀더 좋은 위치에서 사용자에게 길을 보여줄 수 있을 것이다.

3

이미지와 동영상

> 요즘 만들어지는 영화 중 상당수는 사람들이 이야기 나누는 모습을 찍어놓은 사진이더라.
>
> – 알프레드 히치콕 Alfred Hitchcock (http://bkaprt.com/rdpp/03-01/)

이미지를 가변 레이아웃처럼 유동적으로 만드는 방법에 관한 글을 꽤 많이 찾아볼 수 있다. 사실 CSS 한 줄이면 된다.

```
img {
  max-width: 100%;
}
```

디자이너 리처드 루터 Richard Rutter 가 처음 발견한 이 규칙 한 줄 덕분에 이미지는 어떤 크기로든 표시될 수 있지만 그 너비는 이미지

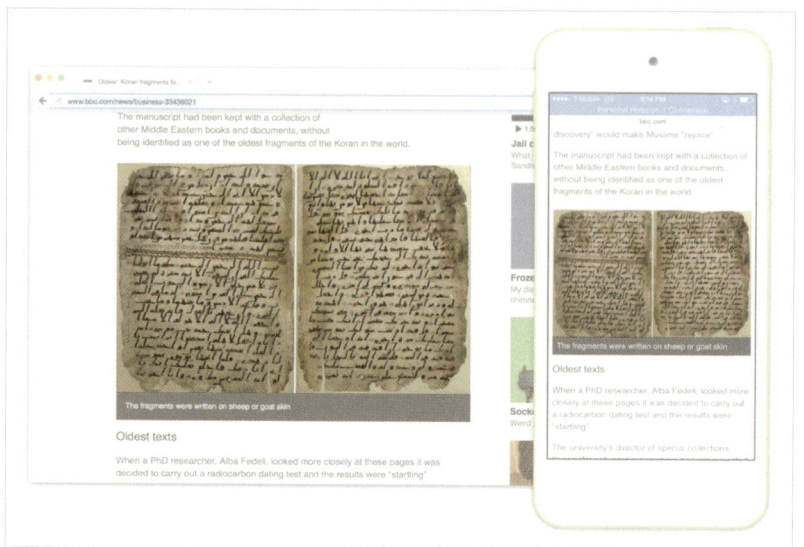

그림 3.1 BBC뉴스 웹사이트의 한 기사에 포함된 이미지. 이미지의 max-width: 100% 덕분에 기사 너비가 바뀌면 이미지도 가로세로 비율을 유지한 채 크기가 바뀐다(http://bkaprt.com/rdpp/03-03/).

를 둘러싼 컨테이너 요소의 너비를 결코 넘지 않는다. 즉 모든 이미지의 max-width는 이제 컨테이너 width의 100퍼센트로 설정된다(http://bkaprt.com/rdpp/03-02/). 컨테이너의 너비가 내부 이미지 너비보다 작아지면 img는 가로세로 비율을 유지한 채 역시 작아지며 컨테이너를 벗어나지 않을 것이다.

가변 이미지fluid images는 가변 그리드fluid grids, 미디어 쿼리media queries와 함께 반응형 레이아웃을 구성하는 3대 요소 중 하나이기 때문에 거의 어디에서나 찾아볼 수 있다. 어떤 반응형 사이트든 열어보자. 예를 들어 BBC뉴스의 훌륭한 반응형 레이아웃을 보면 컨테이너에 둘러싸인 채 확대되기도 하고 축소되기도 하는 이미지들을 발견할 수 있다(그림 3.1).

앞으로 이야기를 풀어나갈 때, max-width: 100%에 전적으로 의지하지 않는 편이 도움이 된다. 성능, 사용자 경험, 디자인 등의 문제가 있기 때문이다. 각 문제는 이번 장에서 다룰 것이다. 다시 말하자면 이미지를 가변으로 만드는 것은 이미지를 더 반응형으로 만들기 위한 첫 번째 단계일 뿐이다. 본격적으로 살펴보기 전에 우리 관심이 이미지에만 국한되지 않았다는 점을 이야기해야겠다. 디자인은 결국 동영상 같은 다른 종류의 매체도 포괄해야 한다. 그래서 잠깐 시간을 내어 동영상을 이미지처럼 가변으로 만들어본 후 계속해서 나아가겠다.

가변 동영상을 향하여

가변 이미지를 만들어낸 `max-width: 100%`가 가변 동영상에도 자연스러운 해결책이 될 것이라는 생각이 들 수 있다. 하지만 안타깝게도 그렇게 쉽게 해결되지는 않는다.

```
img,
object,
video {
  max-width: 100%;
}
```

 `object`와 `video`를 우리의 가변적인 규칙에 포함하여 앞의 CSS를 조금 확장했다. 이 규칙은 동작을 하기는 하지만 정말로 동작하지는 않는다. 이 규칙을 반응형 레이아웃에 있는 모든 동영상에 적용하면 그 동영상들의 너비^{width}는 가변 그리드와 함께 확대, 축소되지만 높이^{height}는 고정된 채 변하지 않는다(**그림 3.2**). 이유를 알기 위해서 동영상 마크업을 살펴보자.

그림 3.2 웹에서 쉬운 일은 없다. 삽입된 동영상에 `max-width: 100%`를 설정해도 제대로 동작하지 않는다(http://bkaprt.com/rdpp/03-04/).

```
<video src="video-main.mp4" height="547"
  width="972"></video>
```

몇몇 동영상 서비스는 동영상을 삽입할 때 `object` 혹은 `iframe` 사용을 요구할 수도 있다. 지금부터 설명하는 테크닉은 그런 요소를 사용할 때에도 잘 동작할 것이다. 예제 코드에서는 `video`만을 쓰겠다.

마크업 자체는 어려울 것이 없다. `video` 요소의 `src`는 동영상 파일(video-main.mp4)을 가리키고 `width`와 `height` 속성은 동영상이 표시되는 크기를 결정한다. 동영상과 임베드되는 오브젝트는 이미지와 달리 고유한 크기를 갖고 있지 않으므로 HTML에서 크기를 반드시 지정해주어야 한다. 그러나 `max-width: 100%`로 동영상의 `width`를 덮어쓸 수는 있지만 `height`에는 동일한 방법을 사용할 수가 없다. 예컨대 `height: auto`를 적용하면 동영상의 높이가 0픽셀로 줄어들어 보이지 않게 될 수도 있다. 게다가 인터넷은 볼 수 있는 고양이 동영상을 원한다.

그림 3.3 감동적인 단편 영화를 볼 수 있는 '메이드 바이 핸드'의 아름다운 반응형 디자인(http://bkaprt.com/rdpp/03-05/)

다행히도 동영상 크기를 적절히 조절할 수 있는 접근법이 많다. 그런 접근법 중 다수는 가벼운 자바스크립트를 포함하고 있다. 감동적인 인물들이 등장하는 아름다운 단편 영화를 모아놓은 '메이드 바이 핸드Made By Hand'의 반응형 사이트를 예로 살펴보자(그림 3.3). (반응형 여부를 떠나 이 단편 영화들은 비주얼도 뛰어나고 내용도 감동적이다. 강력 추천한다.) 이 사이트는 반응형이어서 화면 크기에 상관없이 동영상을 브라우저에서 바로 볼 수 있다. 그러한 사용자 경험을 만들어내기 위해 '메이드 바이 핸드' 사이트의 디자이너들은 자바스크립트를 조금 작성했다. 자바스크립트는 페이지가 처음 로드될 때 동영상의 크기를 측정한 뒤 그 치수를 나중에 사용하기 위해 저장해둔다. 그 후 페이지 크기가 바뀌거나 기기의 가로세로 방향이 바뀔 때마다 처음 측정하여 저장해둔 치수를 불러와 계산하여 동영상 크기를 가로세로 비율을 유지한 채 조절한다.

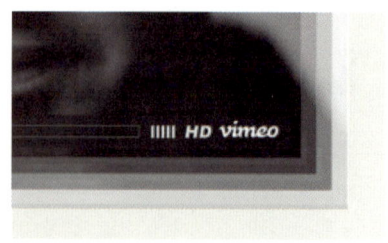

그림 3.4 동영상 크기를 조절하기 위해 자바스크립트에 의존할 수도 있으나 CSS만을 사용하는 접근법만큼 부드러운 결과를 내지는 못한다. 자바스크립트를 사용하면 디자인 크기가 바뀔 때 약간 버벅거릴 수 있다.

여러 반응형 사이트에 이와 비슷한 자바스크립트 활용 전략이 채택되었다. 하지만 안타깝게도 이런 사이트를 이용하며 브라우저 크기를 조절해보면 동영상 화면이 약간 버벅거릴 수도 있다. 디자인 크기가 변할 때마다 동영상이 그 변화를 따라잡는 데 아주 짧은 시간이라도 걸리기 때문에 발생하는 현상이다(그림 3.4). 이는 부분적으로 성능 문제를 야기할 수 있다. 즉 자바스크립트가 resize 이벤트에 묶여 있으면 브라우저 속도가 저하될 수 있고 언젠가 비정상 종료crash가 발생할 수도 있다. 하지만 더 큰 문제는 레이아웃의 가장 중요한 부분을 자바스크립트에 의존하게 된다는 점이다. 모바일 사용자의 상당수는 자바스크립트 지원이 제한적이거나 아예 지원되지 않는 브라우저를 사용하고 있으며, 네트워크가 불안정한 상황에서는 우리가 작성한 자바스크립트가 사용자에게 도달하리라 보장할 수도 없다.

다행히도 완전히 가변적인 동영상을 구축하는 데 해결책이 존재한다. 게다가 자바스크립트는 털끝만큼도 필요하지 않다. 이미 2009년에 티에리 코블렌츠Thierry Koblentz가 가변 레이아웃에서 가로세로 비율을 유지한 채 크기가 조절되는 동영상 만드는 방법을 소개했다(http://bkaprt.com/rdpp/03-06/). 티에리의 접근법은 매우 기발하다.

우선 예로 들 만한 웹사이트의 동영상을 하나 찾아보자. 어떤 웹

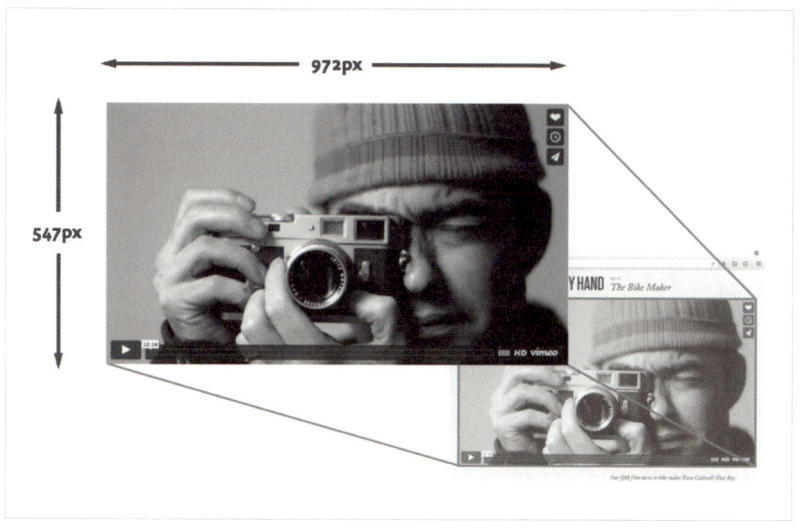

그림 3.5 웹 페이지에 삽입된 동영상 하나를 보라(왠지 시의 한 구절 같다).

사이트든 괜찮지만 '메이드 바이 핸드' 홈페이지를 활용해도 되겠다(그림 3.5). 예컨대 너비 1024px의 뷰포트에서 페이지를 본다고 하면 동영상의 크기는 972×547이 된다. 너비 972px, 높이 547px이다.

이 치수 자체가 중요한 것은 아니다. 우리가 정말로 하고자 하는 일은 동영상의 두 가지 속성, 즉 너비와 높이 사이의 관계를 보전하는 것이다. 사실 너비와 높이는 근본적으로 서로 떼려야 뗄 수 없는 종횡비aspect ratio 관계를 맺고 있다. 종횡비는 화면을 대각선으로 잰 치수다(그림 3.6). 다행히 우리는 간단한 공식을 사용해 종횡비를 계산할 수 있다.

```
height ÷ width = 종횡비
```

이 공식에 동영상 크기 972×547을 대입한 식은 다음과 같다.

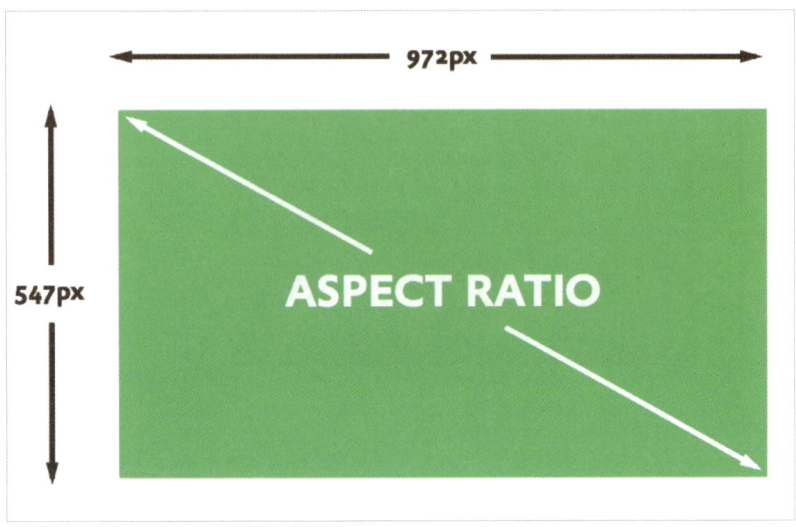

그림 3.6 이미지와 동영상의 종횡비는 그 요소의 너비와 높이 사이의 관계를 말해준다.

547 ÷ 972 = 0.562757202

동영상의 높이(547px)를 너비(972px)로 나누면 56.2757202%라는 종횡비를 얻게 된다. 따라서 동영상 크기가 조절될 때 동영상 높이는 너비의 대략 56퍼센트 크기를 유지해야 한다.

이 수치는 잠시 후에 사용할 테니 지금은 잠시 뒷주머니에 넣어두자(혹은 건빵바지 주머니에 넣어두어도 된다). 수학이 끝났으면 이제 HTML의 video 요소로 돌아가보자.

```
<video src="video-main.mp4" height="547"
  width="972"></video>
```

이 간단한 마크업에 작은 수정을 두 가지 더하겠다.

```
<div class="player">
  <video src="video-main.mp4" height="168"
    width="300"></video>
</div>
```

별로 바뀐 것은 없지만 width와 height를 새로 설정해 기본적으로 작은 화면에 친화적일 수 있도록 동영상의 크기를 확연히 줄였다. (크기가 큰 동영상을 작은 화면에 넣어버리는 것보다 낫다.) 그보다 더 눈여겨봐야 할 것은 우리가 새로 추가한 마크업이다. video 요소를 둘러싸고 있는 컨테이너 요소가 하나 있다. 여기에서는 .player 클래스의 div로 정했는데 아무거나 원하는 대로 정해도 상관없다.

그런데 이 보잘것없어 보이는 컨테이너가 앞서 측정한 종횡비와 결합하면 동영상을 반응형으로 만드는 일등공신이 된다. 바깥에 있는 div에 스타일을 적용해보자.

```
.player {
  padding-top: 56.2757202%;
}
```

음, '스타일'이라고 하기에는 '스타일'이 별로 없다. 단지 padding-top에 종횡비를 설정하는 규칙을 하나 추가했을 뿐이다. 왜 이렇게 하는지 궁금한가? CSS 명세에 따르면, padding-top과 padding-bottom에 퍼센트값을 설정하면 그 값은 그것을 둘러싼 컨테이닝 블록containing block의 높이에 대한 비율이 아니라 너비에 대한 비율이 된다(http://bkaprt.com/rdpp/03-07/).[1] 그 결과 수직 패딩(padding-top, padding-bottom)은 항상 그것을 둘러싸고 있는 박스 너비의 56.2757202%가 될 것이다.

---

1 컨테이닝 블록은 해당 요소에서 가장 가까운 부모 요소의 콘텐츠 영역이라고 생각하기 쉽지만 반드시 그런 것만은 아니다. MDN 웹 문서 '컨테이닝 블록의 모든 것(https://mzl.la/2Ki1GC4)'을 참고하라.

이 방법을 간단히 적용해보자. 나는 브라우저 개발자 도구의 검사기inspector를 샅샅이 뒤져서 '메이드 바이 핸드' 홈페이지에서 동영상을 제거했다. 또한 동영상 크기를 조절하는 자바스크립트도 실행되지 않게 설정하고 그 컨테이너에 padding-top을 추가했다. 마지막으로 (이래 봬도 나는 꽤 솜씨 있는 웹디자이너이기 때문에) 차분한 배경색도 추가했다(그림 3.7). 이제 디자인 크기를 조절하면 padding-top도 함께 조절된다. padding-top은 언제나 그것을 둘러싼 컨테이너 너비의 약 56퍼센트다. 다시 말하면 컨테이너 div는 텅 비어 있을지언정 종횡비는 고유하며, 어떤 크기에서든 높이는 항상 너비의 56.2757202%가 된다는 것이다. padding-top 때문에 생긴 텅 빈 공간은 종횡비를 항상 인식하고 있다(그림 3.8).

정말 멋지지 않은가? 나는 정말 멋지다고 생각한다. (내가 왜 파티 같은 데 초대받지 못하는지 이제 알겠다.) 하지만 이것은 가변 동영상을 위한 토대일 뿐이다. 이제 padding-top을 퍼센트값으로 설정했으니 CSS로 돌아가서 스타일을 조금 더 추가하겠다.

```
.player {
  position: relative;
  padding-top: 56.2757202%;
}
.player video {
  position: absolute;
  left: 0;
  top: 0;
  height: 100%;
  width: 100%;
}
```

우선 .player 컨테이너에 position: relative를 추가해 위치 문맥positioning context을 생성했다. 그러면 .player 컨테이너 안에서 absolute

그림 3.7 종횡비를 컨테이너 padding-top의 퍼센트값으로 설정하여 텅 빈 '유령 박스'를 만들어냈다.

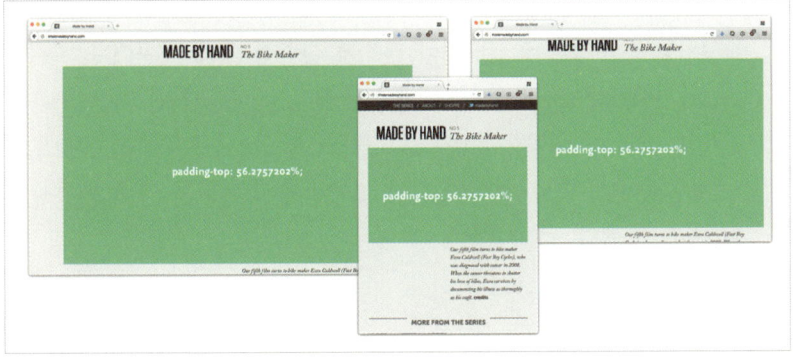

그림 3.8 padding-top이 활성화된 박스의 크기를 조절해보면 내부에 콘텐츠가 하나도 없지만 동영상에 필요한 모양과 비율을 유지하는 것을 볼 수 있다.

로 위치가 지정되는 요소는 이제 뷰포트 기준이 아니라 .player 컨테이너 기준으로 absolute 위치를 잡게 된다. 그래서 두 번째 규칙이 동작하는 것이다. video를 .player 왼쪽 위에 놓고 동영상의 width와 height를 100%로 설정한다. 그러면 width와 height는 그것을 둘러싸고 있는 요소의 너비, 높이와 같아진다.

3장 이미지와 동영상 **87**

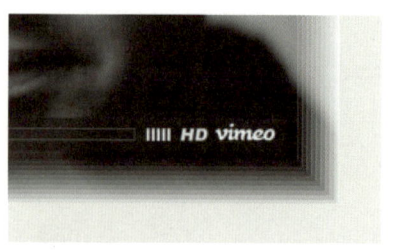

그림 3.9 간단한 수학 공식으로 비율을 구하고 마크업을 추가로 조금 덧붙였더니 이제 자바스크립트 한 줄 없이도 반응형으로 동영상 크기가 조절된다.

브라우저로 돌아와 동영상을 다시 살려내면 최종 결과물이 잘 동작하는 것을 볼 수 있다(그림 3.9). 이 컨테이너는 고유한 종횡비를 갖고 있다는 사실을 명심하자. 퍼센트값으로 설정된 `padding-top` 덕분에 `.player` 박스의 높이는 박스 너비가 얼마가 되든 그에 비례하여 크기가 조절된다. 이처럼 `padding-top` 설정과 절대 위치 지정을 통해 동영상을 컨테이너 전체에 신축성 있게 배치했다. 그리고 그 결과물은 자바스크립트에 의존했을 때보다 훨씬 더 부드럽다. 간단한 수학 공식으로 비율을 구하고 컨테이너를 추가하는 것으로 반응형 디자인 안에서 크기가 매끄럽게 조절되는 가변 동영상을 다룰 수 있다.

가변형 배경 이미지 작업하기

`max-width: 100%`는 물론 대단하다. 하지만 인라인 이미지에만 그렇다. 가변형 배경 이미지를 만드는 데 유용한 여러 CSS 속성 중 가장 눈에 띄는 것은 `background-size` 속성이다.

보통 어떤 요소에 배경 이미지를 적용할 때 이미지가 지닌 원래 해상도 그대로 표시되기를 브라우저에 요청한다. 다음은 기본적인 `background` 규칙이다.

```
.intro {
  background: url("bg-demo.jpg") no-repeat;
}
```

브라우저는 bg-demo.jpg를 .intro 블록에 적용하면서 이미지를 원래 크기대로 표시할 것이다. 규칙 안에 있는 이미지가 4,000픽셀이든 14픽셀이든 결과는 다르지 않다. 만약 이미지의 너비 혹은 높이가 이미지를 둘러싼 컨테이닝 블록보다 더 크다면 컨테이닝 블록 바깥의 나머지 픽셀들은 보이지 않을 것이다.

그러나 background-size 속성을 사용하면 이와 같은 현상을 제어할 수 있다. background-size 속성으로 원하는 크기의 이미지를 표시할 수 있다. 가로세로 길이값을 설정하여 이미지를 250×400으로 나타내보자.

```
.intro {
  background: url("bg-demo.jpg") no-repeat;
  background-size: 250px 400px;
}
```

또는 길이값 중 하나를 auto로 설정하면 특정 너비 또는 높이를 기준으로 가로세로 비율을 유지한 채 이미지 크기가 조절될 것이다. 예를 들어 background-size를 250px auto로 설정하면 이미지 너비는 250px이 되고 이미지의 종횡비는 유지된다.

```
.intro {
  background: url("bg-demo.jpg") no-repeat;
  background-size: 250px auto;
}
```

background-size를 퍼센트값으로 정의할 수도 있다. 이때 그 퍼센트값은 이미지를 둘러싼 컨테이너 크기에 대한 비율이다. 만약 이미지 너비와 높이를 .intro 너비와 높이의 50퍼센트로 설정하고 싶다면 규칙을 다음과 같이 작성할 수 있다.

```
.intro {
  background: url("bg-demo.jpg") no-repeat;
  background-size: 50% 50%;
}
```

background-size라는 것이 참 재미있지만 인터넷 익스플로러Internet Explorer 구버전(버전 8과 그 이하)에서는 이 속성이 지원되지 않는다. 이런 구형 브라우저를 위해 폴백fallback 디자인을 하고 싶다면 폴 아이리시Paul Irish의 조건별 코멘트 테크닉(http://bkaprt.com/rdpp/03-08/)을 변형한 다음 코드를 추천한다. 사실 http://responsivewebdesign.com/의 HTML에서도 이 코드를 볼 수 있다.

```
<!DOCTYPE html>
  <!--[if IE]><![endif]-->
  <!--[if lt IE 9]>   <html class="oldie ie">
  <![endif]-->
  <!--[if IE 9]>      <html class="ie ie9">
  <![endif]-->
  <!--[if gt IE 9]>   <html class="ie"><![endif]-->
  <!--[if !IE]><!--> <html> <!-<![endif]-->
```

이 조건별 코멘트가 동작하면 IE 구버전에서는 HTML 문서 첫 부분에 있는 <html> 태그에 oldie 클래스가 적용될 것이다. 그러면 .oldie에 IE 구버전이 받아들일 수 있는 폴백 스타일을 적용할 수 있다.

```
.intro {
  background: url("bg-demo.jpg") no-repeat;
  background-size: 50% 50%;
```

```
}
.oldie .intro {
  background-image: url("bg-demo-noresize.jpg");
}
```

폴백 디자인이 정리되었으니 이제 background-size 속성에 적용할 수 있는 굉장히 유용한 키워드 두 가지, cover와 contain을 살펴보겠다. cover부터 시작하자.

```
.intro {
  background: url("bg-demo.jpg") no-repeat;
  background-size: cover;
}
```

브라우저는 배경 이미지의 너비와 높이를 측정하여 둘 중 더 작은 값을 찾아낸다. 그다음 가로세로 비율을 유지한 채 이미지 크기를 조절하지만 너비나 높이 중 치수가 더 작은 쪽이 그 컨테이너를 온전히 채우게 된다.

버브Virb의 반응형 홈페이지에서 예를 찾아볼 수 있다(http://bkaprt.com/rdpp/03-09/). 메인 이미지의 원래 크기는 1600×600이다. 높이(600픽셀)가 너비(1,600픽셀)보다 작으므로 이미지가 컨테이너 높이에 맞춰져 있다(그림 3.10). 박스 크기가 더 커지거나 작아져도 배경 이미지는 가로세로 비율을 유지하면서 컨테이너를 완벽하게 채울 것이다.[2]

background-size: contain 역시 배경 이미지 크기를 결정하지만 그 결과로 만들어지는 레이아웃은 꽤 다른 모습이다.

---

2 잘 이해되지 않는다면 다음과 같이 생각하자. background-size: cover를 적용하면, 배경 이미지는 자신을 담고 있는 컨테이너 전체를 덮으려고(cover) 한다. 이때 이미지의 가로세로 비율은 유지된다. 따라서 컨테이너에 공백은 생기지 않지만, 대신 이미지의 특정 부분이 컨테이너를 벗어나 보이지 않을 수 있다.

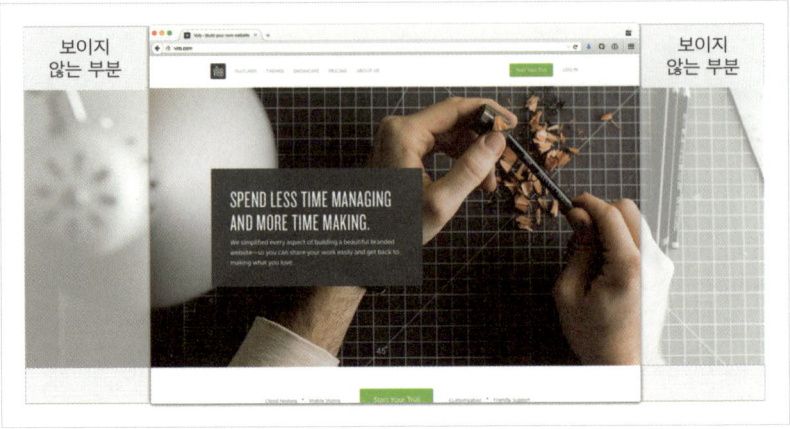

그림 3.10 버브의 반응형 홈페이지 메인 사진에 background-size: cover가 사용되었다. 사진은 가로 세로 비율을 유지하면서 컨테이너를 채울 수 있도록 크기가 조절된다.

```
.intro {
  background: url("bg-demo.jpg") no-repeat;
  background-size: contain;
}
```

background-size: cover는 이미지 일부가 뷰에 보이지 않게 될 때도 있지만 background-size: contain은 컨테이너 안에 배경 이미지 전체가 반드시 보인다(그림 3.11).[3]

background-size는 background-position과 결합했을 때 빛을 발한다. 복스닷컴Vox.com 홈페이지에서 두 속성이 아름답게 결합된 모습을 볼 수 있다(그림 3.12). 각 블록에는 주요 기사와 헤드라인이 가변형 배경 이미지와 함께 나타난다.

---

3 'cover'는 이미지가 컨테이너 전체를 반드시 덮어야 하고 'contain'은 이미지 전체가 반드시 보여야 한다고 이해하면 쉽다. 두 설정 모두 이미지의 가로세로 비율은 유지된다.

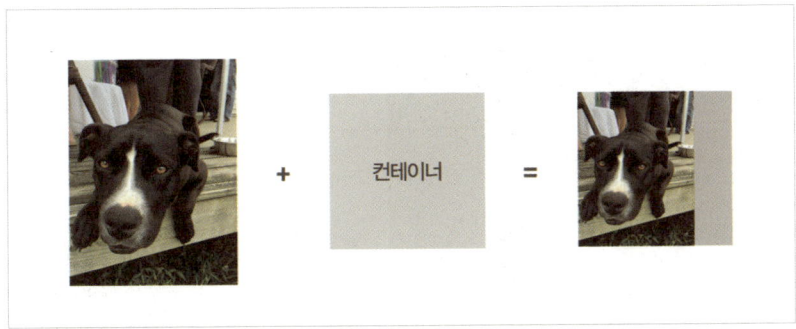

그림 3.11 배경 이미지 전체가 보이면서도 가변적으로 변해야 하는가? 그럴 때는 background-size: contain이 적당하다.

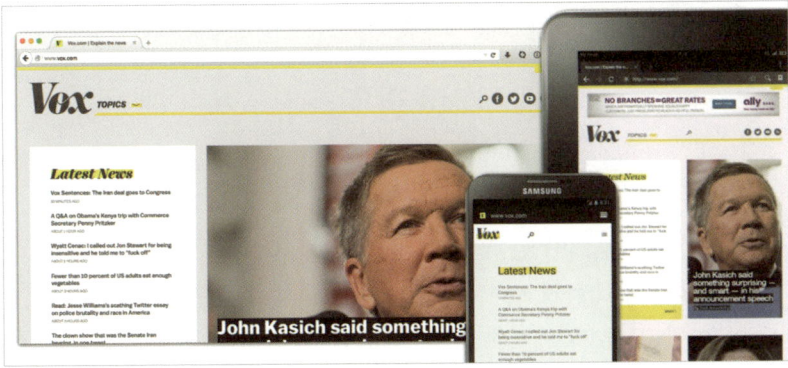

그림 3.12 복스의 반응형 홈페이지. 배경 이미지들과 아름답게 조판된 텍스트가 훌륭하게 어우러져 있다(http://bkaprt.com/rdpp/03-10/).

```
.content {
  background: url("beyonce_grammy.jpg") no-repeat;
  background-size: cover;
  background-position: center, center;
  height: 600px;
}
```

그림 3.13 복스닷컴은 배경 이미지를 중앙에 놓고 거기에 background-size: cover를 적용하여 기사 내용을 암시하는 가변형 배경 이미지와 콘텐츠가 잘 어우러지도록 했다.

복스[Vox]는 이미지를 각 블록 안 상단 왼쪽을 기준으로 배치하지 않고 background-position: center, center를 사용해 가운데로 정렬한다(그림 3.13). 거기에 background-size: cover가 결합되면서 완벽하게 중앙에 위치한 가변형 배경 이미지가 각 블록을 확실히 채운다.

이론상으로 복스는 미디어 쿼리를 사용해 특정 분기점마다 다른 이미지를 로드해도 된다. 이를테면 뷰포트가 넓어질 때는 넓은 화면에 적합하도록 처리된 이미지를 로드할 수 있다.

```
.content {
  background: url("beyonce_grammy.jpg") no-repeat;
  background-size: cover;
  background-position: center, center;
  height: 600px;
```

```
    }
    @media screen and (min-width: 39em) {
      .content {
        background-image:
          url("beyonce_grammy-medium.jpg");
      }
    }
    @media screen and (min-width: 60em) {
      .content {
        background-image:
          url("beyonce_grammy-wide.jpg");
        background-position: 0 0;
      }
    }
```

하려고 마음만 먹으면 못 할 것이 없다.

SRCSET와 SIZES로 책임감 있게 크기 조절하기

CSS 몇 줄로 이미지 크기를 조절하거나 이미지를 변화시키는 것에는 실제적인 단점도 존재한다. 하지만 다행히 그런 문제를 헤쳐나갈 수 있게 도와주는 도구들도 있다. 하나씩 차례대로 살펴보자.

우선 CSS로 이미지 크기를 조절하는 것은 작업물 용량에 악영향을 미친다. 2015년 중반 웹 페이지 평균 용량은 2.1메가바이트(http://bkaprt.com/rdpp/03-11/)로 2010년 쥐꼬리만 한 320킬로바이트(http://bkaprt.com/rdpp/03-12/)보다 커졌다. 그 용량의 대부분은 무엇이 차지할까? 그렇다, 이미지다. 우리가 사랑해 마지않는 JPG, PNG, GIF 파일은 웹 페이지 평균 용량 2.1메가바이트의 60퍼센트가 넘는 1.2메가바이트 이상을 차지한다.

이렇게 된 이유는 디스플레이 화질이 좋아졌기 때문이다. 2012

년에 웹개발자 제이슨 그릭스비$^{Jason\ Grigsby}$는 Apple.com 홈페이지가 이미지를 고화질 화면에서 매끈하게 보이는 고해상도 버전으로 업그레이드하면서 페이지 용량이 500킬로바이트에서 2메가바이트를 훌쩍 넘어버린 사실을 발견했다(http://bkaprt.com/rdpp/03-13/). 애플만이 아니었다. 화면이 점점 더 선명해질수록 이미지도 점점 더 커져서 페이지의 부피를 키웠다.

이렇게 페이지 용량이 점점 더 커지고 있는 상황에서 우리는 거대한 이미지를 작은 화면에 꾹꾹 눌러 끼워 맞출 것이 아니라 사용자가 다운로드하는 데이터 양을 조절해야 할 것이다. 일단 확실하게 짚고 넘어가자. "화면이 작다"는 것이 "인터넷 속도가 느리다"는 것을 뜻하지는 않는다. 전혀 상관없는 말이다. 기기 화면 너비와 그 기기가 사용할 수 있는 대역폭 사이에는 상관성이 전혀 없다. 내 노트북만 해도 휴대폰에 테더링해 연결할 수도 있고 유선으로 안정된 이더넷에 접속할 수도 있으며 호텔에서 겨우겨우 와이파이 네트워크에 접속할 수도 있다. 반대로 내 휴대폰이 걸핏하면 사라지는 모바일 신호에 접속할 수 있는가 하면 빠르고 안정적인 와이파이 네트워크에 접속할 수도 있다. 현재로서는 사용자가 사용하고 있는 기기가 어느 정도의 대역폭을 사용할 수 있는지 감지하는 방법은 없다.

고맙게도 브라우저 및 하드웨어 제조사가 사용자의 인터넷 연결 속도를 감지할 수 있게 해주는 네트워크 정보 API$^{Network\ Information\ API}$(http://bit.ly/2YZnko7)와 같은 방법을 찾아내고 있지만 표준으로 확립된 해결책은 아직까지 없다.[4] 이런 불확실성이 지금 당장은 그렇게 나쁠 것도 없다고 생각한다. 결국 사용자 기기의 화면 크기와

---

4 네트워크 정보 API는 현재 '드래프트(Draft)' 단계이며, 일부 브라우저에서 실험적 기능으로 지원되고 있다.

상관없이 우리가 사용자에게 제공하는 데이터 양 자체를 줄여야 할 필요성이 강조되는 것이다. 구글 크롬의 개발자 제이크 아치볼드Jake Archibald는 성능이 더 떨어지는 네트워크를 우선순위로 삼아야 한다고 제안한다(http://bkaprt.com/rdpp/03-15/).

3G 로딩 시간에 초점을 맞추는 것은 중요하다. 비록 4G를 쓰기는 하지만 사용자들이 3G(혹은 그 이하)를 쓰는 시간도 굉장히 많다. 미국은 전체 통신 시간에서 4분의 1가량, 유럽 대다수 지역은 절반 가량을 차지한다.

페이지가 가벼워지면 그에 따른 상업적 이익도 막대해진다. GQ(http://bkaprt.com/rdpp/03-16/)는 새로 디자인한 반응형 사이트가 전체적으로 너무 느리다는 것을 발견했다. 하지만 페이지로딩 시간을 80퍼센트 줄였더니 순방문자수[5]가 80퍼센트 증가했다 (http://bkaprt.com/rdpp/03-17/). 사용자 전부를 인터넷 연결 속도가 느린 환경에 있다고 가정하면 사이트 무게를 줄이는 데 도움이 된다. 또한 모바일, 데스크톱 혹은 다른 어떤 기기를 사용하든 누구에게나 빠른 인터페이스를 만드는 데 도움이 될 것이다.

따라서 우리는 가변 이미지에 관해 다시 생각해봐야 한다. 거대한 이미지를 화면이 작은 기기에 맞게 조절할 수도 있을 것이다. 하지만 그 기기가 인터넷 연결 속도가 빠르다 하더라도 사용자는 사용하지도 않을 많은 양의 픽셀을 다운로드하게 된다. 이는 눈에 보이지 않는 불필요한 비용으로 연결되며 우리는 이 비용을 최대한 줄여야 한다. 고맙게도 이 문제를 처리하기 위해 웹 표준에 바탕을

---

5 특정 기간 사이트 방문자수를 집계한 것. 어떤 사용자가 하루에 2회 방문했을 경우 1일 순방문자수는 1로 집계된다.

둔 도구가 등장하고 있다. '반응형이슈 커뮤니티그룹Responsive Issues Community Group'(http://bkaprt.com/rdpp/03-18/)이 브라우저 제조사들과 협력하여 HTML 명세에 추가한 여러 가지 사항 중에 이미지를 좀 더 똑똑하게 만들어주는 속성이 몇 가지 있다.

일단 우리의 오래되고 겸손한 친구 img 요소부터 살펴보면서 설명을 시작하겠다.

```
<img src="img/main.jpg" alt="착해 보이는 강아지" />
```

대단한 것은 없다. img 요소 안에 src로 이미지 파일의 URL(img/main.jpg)을 가리키고 웹 접근성을 위해 alt 텍스트("착해 보이는 강아지")를 덧붙여 이미지 내용을 설명했다. 이제 우리가 일을 제대로 해냈다면 main.jpg가 브라우저에 나타나야 한다.

그러나 네트워크 속도, 화면 밀도, 뷰포트 크기 등과는 상관없이 페이지에 접근하는 모든 브라우저와 기기에서 오직 이미지 파일 하나만 제공되는 것이 사실 문제라면 문제다.

이미지를 더 효율적으로 처리하기 위해서 새로운 반응형 이미지 도구 중 하나를 추가해보겠다. 이름하여 srcset 속성이다.

```
<img srcset="img/main-200.jpg 2x, img/main-300.jpg 3x" src="img/main.jpg" alt="착해 보이는 강아지" />
```

잠깐 멈춰보자. 그렇게 깨끗한 img 요소였는데 이제는 마치 HTML가운데에 펄Perl 스크립트가 섞여 있는 것처럼 보인다. srcset 속성 안에 알 수 없는 저것들은 대체 무엇이란 말인가? 콤마나 2x, 3x가 대체 무슨 말인가?

다행히도 이들은 생긴 것만큼 어렵지는 않다. srcset 속성을 해석하기 위해서 마크업을 좀더 읽기 쉽게 만들어보겠다.

```
<img srcset="img/retina.jpg 2x,
             img/retinarok.jpg 3x"
     src="img/normal.jpg" alt="착해 보이는 강아지" />
```

좀 나아졌다. 이미지를 각각 화소 밀도^{pixel density}가 다른 세 가지 버전으로 준비했다. 이미지의 가로세로 크기는 다 같지만 디스플레이 해상도에 따라 품질이 달라진다. srcset 안에 일단 이미지 경로를 각각 밝히고 보여주기에 가장 이상적인 화소 밀도를 2x, 3x와 같은 식으로 지정한다.

이렇게 각 이미지와 해상도가 지정되면 img 태그는 이제 모든 화면에 하나의 이미지만을 로드하지 않는다. 대신 srcset 속성에 채워진 여러 이미지 중에서 사용자에게 가장 적당한 이미지가 선택되어 로드된다. 브라우저는 srcset 속성에 주어진 정보를 활용해 디스플레이 밀도에 가장 적합한 이미지를 선택할 수 있다. 그러면 저해상도 화면에 엄청나게 복잡한 이미지가 표시되는 일이 방지되고 사용자는 대역폭을 아끼게 되는 이점이 생긴다.

깔끔하지 않은가? 다만 안타깝게도 x 서술자는 고정 너비 이미지^{fixed-width images}에만 쓴다. 그래도 희망을 갖자. srcset으로 레이아웃에서 쓸 수 있는 너비에 따라서 이미지를 선택하도록 할 수 있다. 또 다른 img를 보겠다.

```
<img srcset="img/main-large.jpg 1440w,
    img/main-medium.jpg 720w, img/main-small.jpg 360w"
    src="img/main-medium.jpg" alt="착해 보이는 강아지" />
```

이런, 또 겁부터 먹게 한 건 아닌지 모르겠다. 일단 마크업 전체를 훑어봤으니 적절한 위치에서 줄을 바꿔 좀더 알아보기 쉽게 만들겠다.

```
<img srcset="img/main-large.jpg 1440w,
             img/main-medium.jpg 720w,
             img/main-small.jpg 360w"
     src="img/main-medium.jpg" alt="착해 보이는 강아지" />
```

앞에서와 마찬가지로 세 이미지는 각각 버전이 다르다. 다만 이번에는 크기만 각각 다를 뿐 나머지는 동일하다(그림 3.14). 이번에도 이미지의 각 경로를 srcset가 나타내고 구분은 콤마로 한다. 그런데 이번에는 2x나 3x 같은 서술자를 사용해 이미지 밀도를 서술하는 대신, 숫자 뒤에 w를 붙여 각 이미지의 너비를 픽셀 단위로 서술한다. main-large.jpg는 너비가 1440px이므로 1440w라는 서술자로 브라우저에 이미지의 너비를 알려준다. 너비가 720px인 main-medium.jpg와 너비가 360px인 main-small.jpg도 마찬가지로 각각 720w와 360w로 서술된다.

(여기서 잠깐, 예리한 독자는 앞의 코드와 지금 코드에서 img 요소에 여전히 src 속성이 남아 있다는 것을 눈치챘을 것이다. 엄밀히 말하면 src는 반응형 이미지 관련 명세에서 결코 빠져서는 안 될 필수 속성이다. 설사 srcset를 사용한다 하더라도 이미지에 src 속성은 반드시 있어야만 한다(http://bkaprt.com/rdpp/03-19/). 불필요한 중복처럼 보일 수도 있지만 실제로는 하위 버전 호환성backwards compatibility 면에서 아주 중요하다. 어떤 브라우저가 srcset를 이해하지 못해도 src 덕분에 이미지를 다운로드할 수 있다.)

이미지 너비를 세 가지로 다르게 지정했지만 그중 브라우저가 로드할 이미지를 우리가 어떻게 결정해야 할지 궁금할 것이다. 당연하다. 하지만 이는 우리가 결정할 일이 아니다. 명세를 읽어보면 브라우저가 srcset에서 가장 적합한 이미지를 골라낼 수 있도록 우리가 해줄 수 있는 것은 아무것도 없다(http://bkaprt.com/rdpp/03-20/). 최적의 이미지를 선택하는 것은 우리가 아닌 브라우저가 해야 할 일이다.

그림 3.14 새로운 이미지 세 장은 크기를 제외하고는 동일한 이미지다. 큰 이미지를 단순히 축소했을 뿐이다.

그렇다, 내 말이 이상하게 들릴 수도 있다. 어쩌면 조금 당황했을 수도 있다. 조금이 아니라 꽤 당황했을 수도 있다. 디자이너는 바로 우리다! 사용자가 볼 이미지는 다른 누구도 아닌 우리가 결정해야 하는데 말이다. 그렇지 않은가?

하지만 걱정 말자. 이 지점에서 통제권을 넘기는 것은 사실상 우리에게는 좋은 일이다. 최적의 이미지를 선택하는 기준이 단지 레이아웃에 꼭 맞는 것만이 아니라는 점을 생각해보자. srcset는 사용자의 네트워크 속도, 디스플레이 해상도, 그 밖의 여러 요인을 기준으로 삼아 이미지를 선택할 수 있다. 최적의 이미지를 결정하는 요인은 셀 수 없이 많다는 이야기다. 반응형 이미지 도구들 덕분에 더 많은 부분을 통제할 수 있게 되었지만 이미지의 최적 해상도를 결정하는 일은 브라우저가 맡는 편이 가장 좋다. 그러면 마크업도 더 가벼워지고 사용자도 더 만족스러워한다.

비록 우리가 srcset에서 최적의 이미지를 직접 선택할 수는 없지만 브라우저가 더 똑똑한 선택을 하도록 도와줄 수는 있다. 그렇게 하기 위해서 sizes 속성을 추가하겠다.

```
<img srcset="img/main-large.jpg 1440w,
             img/main-medium.jpg 720w,
             img/main-small.jpg 360w"
     sizes="(min-width: 50em) 250px,
            (min-width: 35em) 33vw,
            100vw"
     src="img/main-medium.jpg" alt="착해 보이는 강아지" />
```

역시 (min-width: 50em) 250px, (min-width: 35em) 33vw, 100vw는 마치 기계가 만들어낸 것처럼 전혀 이해할 수 없는 문자로 보인다. 하지만 srcset와 마찬가지로 브라우저에 콤마로 구분된 어떤 항목들을 제공하고 있다. 기본적으로 각 항목은 반응형 디자인의 각 분기점에서 이미지가 갖게 될 물리적 너비를 나타낸다. 즉 레이아웃 안에서 이미지가 차지될 크기를 나타낸다.

sizes 속성을 차근차근 짚어가며 해석해보자.

1. (min-width: 50em) 250px은 미디어 쿼리와 조금 비슷해 보이지 않는가? 사실 미디어 쿼리와 기본적으로 다르지 않다. 이 속성 값은 최소 너비 50em인 뷰포트에서는 이미지 너비가 250px이 될 것이라고 브라우저에 전하는 것이다.
2. (min-width: 35em) 33vw 역시 기본적으로 같은 방식으로 동작한다. 최소 너비 35em인 뷰포트에서는 이미지 너비가 33vw가 될 것이다. vw가 무엇인지 궁금한가? vw는 단지 CSS에서 길이를 나타내는 데 쓰이는 또 다른 단위일 뿐이다. 뷰포트 너비의 1퍼센트를 뜻한다. 따라서 33vw는 이미지가 뷰포트 너비의 33

퍼센트를 점유할 것이라는 말이다.
3. `100vw`는 `sizes` 속성의 기본값이다. 기본적으로 이미지가 뷰포트 너비 전체를 차지한다는 뜻이다. 따라서 `sizes` 속성에 명시적으로 제시된 조건과 맞지 않으면(예를 들어 뷰포트가 `min-width: 35em` 이하일 때) 이미지 크기는 뷰포트 너비의 100퍼센트로 책정될 것이다.

각 분기점에서 실제로 이미지가 표시되는 크기와 `sizes` 속성에 나열된 크기가 정확하게 맞아떨어질 필요는 없다. 레이아웃이 변할 때 이미지 너비가 어느 정도 될 것인지 알려주는 대략적인 값만으로 충분하다. 브라우저는 이미지를 어떤 식으로 놓을지 정보를 알게 되면 `srcset` 목록에서 똑똑하게 이미지 하나를 선택한 뒤 그것을 로드할 가능한 한 최고의 방법을 찾아낼 수 있다.

(잠깐 팁: 올바르게 HTML 쓰기를 추구한다면 `sizes`가 명세의 필수 속성이라는 점을 밝힌다. 즉 `srcset`를 쓴다면 그에 상응하는 `sizes`도 있어야 한다는 것이다. 이 책을 쓰는 시점에는 `sizes` 없이도 `srcset`가 잘 동작하긴 하지만 그 마크업이 올바른 것은 아니다. 돌다리도 두드려보고 건너자.)

이야기를 이어가기 전에 속성 지원에 관해 잠깐 적어보겠다.

- 데스크톱이 아닌 기기의 여러 브라우저도 어느 정도는 `srcset`와 `sizes` 속성을 지원하는 편이다. iOS와 맥OS X에서 사파리^{Safari}는 두 속성을 부분적으로 지원한다. x 서술자를 이용한 이미지 해상도 바꾸기는 지원하지만 w 서술자는 지원하지 않는다. 크롬과 안드로이드 기본 탑재 브라우저 등 안드로이드용 최신 브라우저는 두 속성을 가뿐하게 지원한다.
- 그러나 좋은 소식만 있는 것은 아니다. 안드로이드 기본 탑재 브라우저 4.4.4 이하 버전과 오페라 미니^{Opera Mini} 8 이하 버전은

- srcset와 sizes 속성을 지원하지 않는다. 이들은 반응형 이미지 명세의 다른 부분도 지원하지 않는다. 두 브라우저 모두 굉장히 많이 사용되고 있기에 우리에게는 안타까운 일이다.
- 그럼 더 좋은 소식을 알려주겠다. 데스크톱 최신 브라우저 대부분은 srcset와 sizes 속성 지원이 탄탄하다. 예를 들어 크롬은 38버전부터 srcset와 sizes 속성을 지원했고 오페라는 25버전부터 지원했다. 이 글을 쓸 때 파이어폭스는 srcset와 sizes 속성을 구현하는 작업을 마무리하는 단계였는데 이 단계에서도 개발자 환경 설정^{developer preferences}을 통해 속성들을 활성화할 수 있었다. IE는 두 속성을 지원하는 버전을 아직까지 내놓지 않았지만 장차 지원하기 위한 작업을 적극적으로 하고 있다.[6]

종합해보면 반응형 이미지 지원은 인상적인 수준이기는 하지만 아직 걸음마 단계에 있다고 할 수 있다. 상당수 브라우저가 아직 srcset와 sizes 속성을 기본적으로 지원하지 않고 있다. 그러나 픽처필^{Picturefill}(http://bkaprt.com/rdpp/03-22/)과 같은 자바스크립트 라이브러리를 이용해서 구형 브라우저에도 반응형 이미지 지원 패치를 입힐 수 있다. 프로젝트에 픽처필을 다운로드한 후 문서 head 부분에 다음 코드를 넣어보자.

```
<script>document.createElement( "picture" );</script>
<script src="/path/to/picturefill.js" async></script>
```

이렇게 하면 반응형 이미지들이 srcset와 sizes 속성의 도움을

---

6 지금은 IE와 오페라 미니를 제외한 거의 모든 브라우저가 두 속성을 지원하고 있다. 지원 여부는 caniuse.com 사이트에서 자세히 확인할 수 있다.

받아 반응형답게 크기가 조절되면서 가변 레이아웃 안에서 매끄럽게 동작할 수 있다.

그러나 조심해야 한다. CSS로 이미지 크기를 조절할 때 srcset와 sizes 속성을 함께 활용하면서 용량 걱정은 덜게 되었지만 때로는 CSS로 이미지 크기를 조절하는 작업이 이상적이지 않은 결과를 가져올 때도 있다. 그런 경우에는 이미지의 가변성이 도움이 되기보다는 오히려 해가 되기도 한다.

크기 조절이 후회를 불러올 때

겁을 주었다면 미안하다. 한 줄짜리 max-width: 100%로 img 요소를 더 가변적으로 만드는 것은 그 자체로는 잘못되지 않았다. 잘못은커녕 대부분 이미지에 완벽하게 동작한다. 하지만 가끔 이미지를 크거나 작게 했을 때 뜻밖의 결과로 선명도가 떨어질 수도 있다.

예를 들어보겠다. 어느 정도 큰 화면, 이를테면 노트북이나 태블릿 정도의 화면에서 "폴 크루그먼은 무엇을 두려워하는가?"What is Paul Krugman Afraid Of?"라는 기사(http://bkaprt.com/rdpp/03-23/)를 열어보자. 인터뷰 기사 중간중간에 텍스트가 오버레이 된 사진이 몇 장 보일 것이다(그림 3.15). 사실은 이미지 안에 인용문을 집어넣는 것 자체에 접근성 문제가 있다고 할 수 있다. 시각이 불편한 독자의 접근성을 위해서 alt 속성이 있어야 한다. 하지만 일단 그 부분은 제쳐두고, 반응형 레이아웃 문제에만 초점을 맞춰보자.

기사 레이아웃이 반응형이기에 복스는 가변 그리드가 크기를 조절할 때 이미지가 이미지를 둘러싼 요소 바깥으로 나가지 않도록 max-width: 100%를 사용했다. 그래서 동일한 기사를 더 작은 화면에서 열면 이미지의 크기가 조절되는데, 문제는 이미지 안에 적힌 인용문이 넓은 화면에서 볼 때와는 달리 상당히 읽기 어렵다는

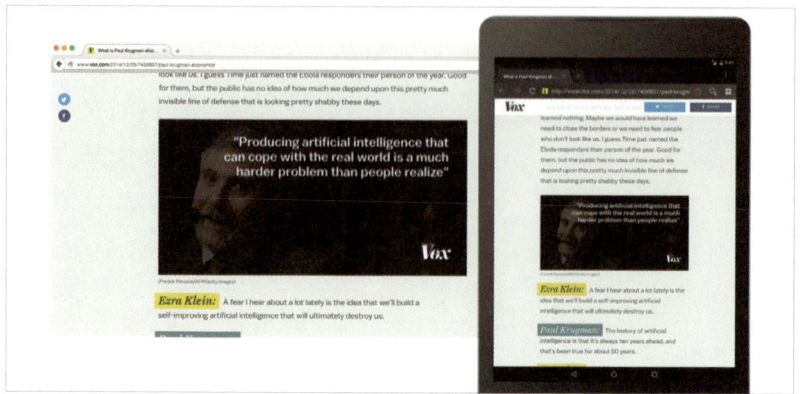

그림 3.15 이미지 위에 텍스트를 얹은 멋진 비주얼의 인용문을 복스 기사에서 볼 수 있다.

것이다(**그림 3.16**).

 복잡한 이미지와 차트에도 이와 같은 문제가 나타난다. 예를 들어, 컬럼비아대학교 공학부Columbia's School of Engineering 사이트에 있는 지도에는 뉴욕시 곳곳의 에너지 소비량을 나타내는 색깔 블록들뿐만 아니라 그래프 제목, 지도를 해석하는 데 도움을 수는 범례, 특정 구역을 조명하는 파이 차트 등 많은 내용이 들어 있다(**그림 3.17**). 한마디로 이 이미지는 내용이 매우 빼곡하다. 이 이미지 역시 작은 화면에서 크기가 조절되기는 하지만 세부적인 디테일들을 전부 놓치게 되고, 또 이미지가 본래 지니고 있던 의미도 저하되고 만다.

이미지의 형태와 틀과 모양

CSS 기반으로 이미지 크기를 조절하는 방식의 문제점은 이미지의 콘텐츠가 고려되지 않는다는 점이다. 이 방식은 이미지를 둘러싸고 있는 컨테이너의 모양에만 초점을 맞추고 이미지 그 자체에는 초점을 맞추지 않는다. 그래서 간혹 우리가 주의를 기울이지 않는다면,

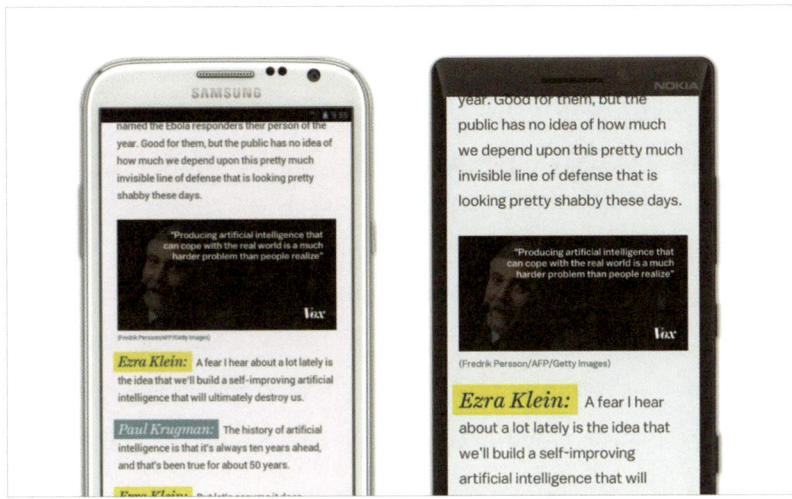

그림 3.16 작은 화면에서 이미지 크기가 조절되면 텍스트를 읽기가 힘들어진다. 가변적이지만 당혹스러운 디자인이다.

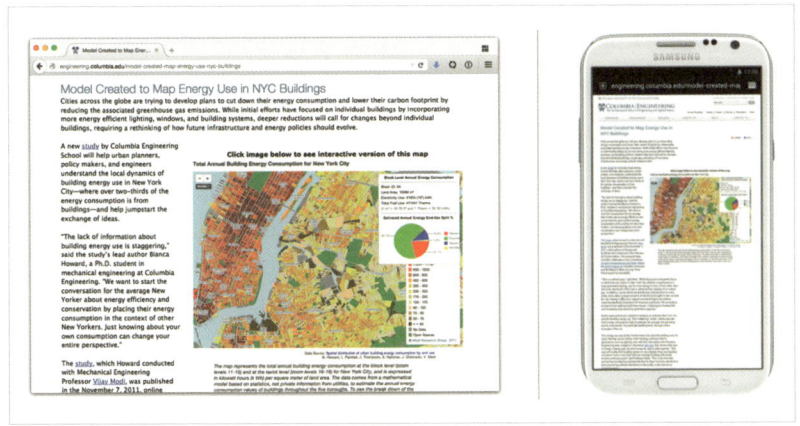

그림 3.17 유용한 내용이 많은 뉴욕의 인터랙티브 지도. 이렇게 내용이 빼곡한 이미지의 크기를 효과적으로 조절할 수 있는 방법이 있을까?

이미지는 크기가 조절되며 본래 지니고 있던 유용함을 잃어버릴 수도 있다.

이런 문제가 새로운 것은 아니다. 웹이 등장하기 훨씬 전부터 사진작가와 그래픽 디자이너는 자신의 작품 크기를 효과적으로 조절하는 방법에 대해 고심해왔고, 매체마다 크기가 달라져도 본래 작품에 담긴 진실성을 잃지 않으려 애써왔다. 20세기 중반 스위스의 디자이너 카를 게르스트너[Karl Gerstner]는 이런 문제에 체계적으로 접근했다. 게르스트너는 체계화된 디자인 시스템을 활용하면 워드마크[wordmark][7]를 종이의 여러 포맷에 꼭 맞게 변형할 수 있을 뿐 아니라, 각 포맷마다 포맷의 장점을 최대한 살린 워드마크를 만들 수 있다는 것을 보여주었다(그림 3.18).

그보다 더 최근 사례를 들면, 1980년대 카세트테이프가 대중화되면서 LP 앨범 커버 디자이너들이 이에 어떻게 대처해야 했는지를 디자이너 레이먼드 브리글렙[Raymond Brigleb]이 꼼꼼히 짚어보기도 했다. 크기도 작고 가로세로 비율도 도저히 수가 나지 않을 만큼 이상하기 짝이 없는 카세트테이프의 제약 때문에 디자이너들은 자신이 전달하고 싶은 메시지를 보존하기 위해서 레이아웃, 크기, 주요 요소의 배치 등을 바꾸었다(그림 3.19).

사진을 크로핑[cropping][8]하는 작업도 우선 사진의 콘텐츠를 이해하고 나서야 할 수 있으며 단순히 사진 크기를 인지하는 것만으로는 할 수 없는 작업이다. 사진작가는 사진의 주요 피사체가 무엇인지, 즉 사진의 초점[focal point]이 어디에 있는지 확인한 후 사진에서 필요하지 않은 부분들을 잘라낸다. 하나의 사진을 다양하게 크로핑한 다양한 결과물은 눈에 보이는 디테일의 양에서는 서로 큰 차이를 보

---

7 알파벳 철자만으로 이루어진 로고 혹은 브랜드 마크
8 주제를 강조하거나 불필요한 부분을 없애기 위해서 사진 일부를 잘라내는 것

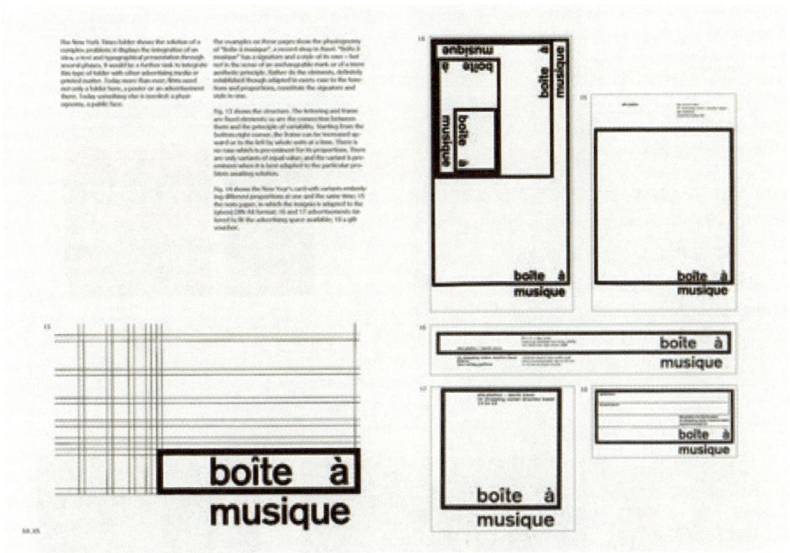

그림 3.18 카를 게르스트너는 자신의 책《프로그램 디자인하기 Designing Programmes》에서 디자인 시스템을 잘 고안하면 최대 크기의 광고지부터 손바닥만 한 카드에 이르기까지 어떤 포맷의 프린트에서도 로고 본래의 고유성을 유지할 수 있다는 것을 보여주었다(http://bkaprt.com/rdpp/03-26/).

이겠지만, 주요 피사체는 전체 결과물에서 대체로 일관성 있게 나타난다. 다양하게 크로핑된 다양한 결과물은 아무리 다르게 보일지언정 본질적으로는 동일한 사진이다(그림 3.20).

이미지를 단순히 크기가 조절되는 데에만 그치지 않고 적절하게 반응-respond하도록 만들기 위해, 지능적 이미지 크로핑을 자동화하려는 시도가 몇 번 있었다. 예를 들어 애덤 브래들리 Adam Bradley가 만든 프레임워크를 활용하면, 이미지 컨테이너에 CSS 클래스를 적용해 이미지 크기가 변할 때마다 이미지 컨테이너가 이미지의 초점을 보존하게 할 수 있다.

요컨대 단순히 `max-width: 100%, srcset, sizes`를 섞어서 사용해 이미지 크기를 조절하는 것은 얼마든지 가능한 일이며 종종 이상

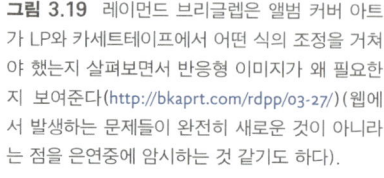

그림 3.19 레이먼드 브리글렙은 앨범 커버 아트가 LP와 카세트테이프에서 어떤 식의 조정을 거쳐야 했는지 살펴보면서 반응형 이미지가 왜 필요한지 보여준다(http://bkaprt.com/rdpp/03-27/)(웹에서 발생하는 문제들이 완전히 새로운 것이 아니라는 점을 은연중에 암시하는 것 같기도 하다).

그림 3.20 크로핑 결과물마다 사진 크기는 다를 수 있지만 사진의 초점은 변하지 않고 그대로 유지된다. 팀 에반슨Tim Evanson이 촬영한 사진(http://bkaprt.com/rdpp/03-28/).

적이기까지 하다. 다만 문서 내부에 있는 이미지 역시 사실은 문서라는 것을 명심할 필요가 있다는 것이다. 결국 이미지도 독자에게 정보를 전달하기 위해 존재하는 것이니, 이미지가 지닌 메시지가 어떤 크기에서도 살아남을 수 있게 해야 한다.

더 매끄럽게 컨트롤하기: PICTURE와 SOURCE

그렇다면 이미지의 크기를 조절할 것이 아니라 아예 이미지 파일을 교체해야 할 상황이 올 수도 있다. 각각의 분기점에 최적화된 별도의 파일로 교체해 이미지 컨테이너가 확대 혹은 축소될 때도 이미지가 전하고자 하는 메시지의 선명성이 유지되도록 하는 것이다. 그런 상황에서는 로드하고자 하는 이미지를 완전히 다른 것으로 지정해주어야 한다.

물론 이것은 배경 이미지에서만 가능한 이야기다. 부지런한 img 요소에 의해 경로가 지정되는 인라인 이미지는 추가적인 도움을 조금 받아야 한다. 바로 이 지점에서 새로운 picture 요소가 등장한다. 마침 쇼피파이Shopify의 반응형 사이트가 picture를 사용한 훌륭한 예를 보여준다. 쇼피파이의 홈페이지 위쪽에 있는 쇼피파이 고객 사진은 각 분기점마다 위치가 달라진다(그림 3.21). 그런데 알고 보면 이 사진은 한 장이 아니라 세 장이며, 이 세 장의 사진은 저마다 크기도, 크로핑된 방식도 조금씩 다르다(그림 3.22). 그리고 페이지 소스에서 우리는 picture 요소의 첫 번째 예를 보게 된다.

```
<picture>
  <source
    srcset="homepage-person@desktop.png"
    media="(min-width: 990px)">
  <source
    srcset="homepage-person@tablet.png"
    media="(min-width: 750px)">
  <img
    srcset="homepage-person@mobile.png"
    alt="A featured Shopify Merchant">
</picture>
```

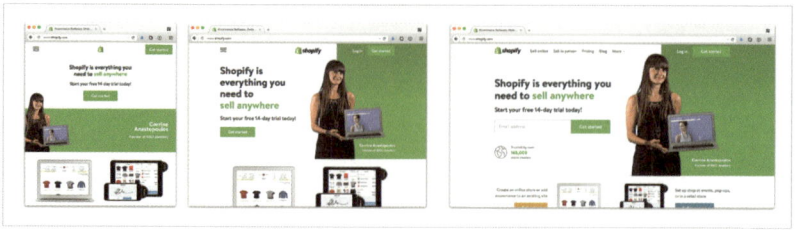

그림 3.21 사진을 따라가보자. 쇼피파이 반응형 홈페이지의 메인 사진은 각 분기점마다 위치가 달라진다 (http://bkaprt.com/rdpp/03-29/).

그림 3.22 한 장의 이미지처럼 보이지만 실제로는 세 장이다. 각 사진의 피사체는 동일하지만 크로핑 방식이 약간씩 다르다.

내가 마크업을 약간 단순하게 만들어놓기는 했지만 구조는 동일하다. 보는 것처럼 picture 요소 안에 source 요소는 몇 개라도 포함될 수 있으며 img는 딱 1개만 포함된다. 각 source 요소에는 media라는 아주 적절한 이름의 속성 안에 미디어 쿼리가 있다. 브라우저는 브라우저의 조건에 맞는 미디어 쿼리를 찾아낼 때까지 여러 source 요소를 순회한다. 그러다가 조건에 맞는 미디어 쿼리를 찾으면, 브라우저는 해당 source 요소의 srcset 속성에 지정된 이미지 경로를 img 요소에 보내 그 이미지를 로드한다.

source와 img 사이의 이런 관계가 사실은 대단히 중요하다.

source가 조건에 부합한다고 해서 브라우저에 직접 표현되는 것이 아니다. picture 요소 역시 브라우저에 직접 표현되지 않는다. 조건에 부합하는 source 요소의 srcset가 가장 안쪽에 자리 잡고 있는 img에 보내지면, 바로 그 img가 표현되는 것이다. 그래서 아주 넓은 디스플레이에서는 (min-width: 990px)의 source가 쇼피파이 메인 사진들 중에서 가장 큰 버전을 img에 보낼 것이다. 중간 크기의 분기점에서는 (min-width: 750px) 쿼리 덕분에 homepage-person@tablet.png가 표시될 것이다. 마지막으로, 조건에 부합하는 미디어 쿼리가 없다면 브라우저는 그냥 img를 로드할 것이다.

srcset와 sizes를 활용해 같은 이미지인데 크기만 다른 버전을 로드하는 대신 picture를 활용하여 특정 뷰포트에 맞게끔 이미지의 콘텐츠를 뜻대로 재단할 수가 있다. 반응형 이미지 사양에서는 이를 이미지 연출art direction이라고 말한다. 단순히 이미지 크기만 조절하는 것이 아니라 특정 분기점에 잘 맞게 크로핑하거나 다른 방식으로 최적화하는 것이다. 비록 이미지의 디테일이 변할지라도 그렇게 함으로써 우리는 이미지가 지닌 의미를 잃어버리지 않고 고스란히 전달할 수 있게 된다.

picture 요소가 할 수 있는 일은 그것 말고도 더 있다. http://responsivewebdesign.com/workshop 페이지를 보자. 페이지 중간쯤 지나서 로고 목록이 보일 것이다(그림 3.23). 내부를 들여다보면 각 로고의 마크업은 대체로 다음과 같다.

```
<picture>
  <source srcset="/logos/cibc.svg"
    type="image/svg+xml" />
  <img src="/logos/cibc.png" alt="CIBC" />
</picture>
```

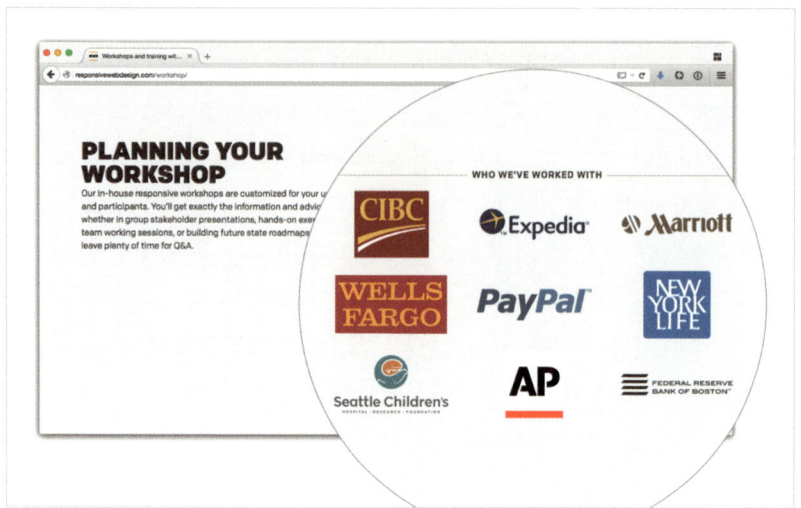

그림 3.23 `picture`가 큰 역할을 해준 로고 목록

`picture` 요소 안에 미디어 쿼리는 하나도 보이지 않는다. 대신 `source` 요소에 `type` 속성이 하나 있다. 이 속성은 이것이 참조하는 이미지가 벡터 기반 SVG 파일(`image/svg+xml`)이라는 것을 말해준다. 이런 경우에 브라우저는 미디어 쿼리를 활용해 이미지를 선택하는 것이 아니라, `source`들을 보면서 각각의 `source`에 포함되어 있는 `type`을 지원할 수 있는지 확인한다. 앞의 예제에서는 SVG에 대한 지원을 찾고 있다. 만약 브라우저가 `image/svg+xml` 포맷을 지원한다면 브라우저는 이미지의 벡터 기반 버전을 로드할 것이다. 하지만 지원하지 않는다면 그냥 `img`에 지정된 PNG 파일을 로드할 것이다.

이론적으로는 이것을 더 확장해 앞에서 논의했던 해상도 관련 `w`나 `y` 플래그로 `srcset`를 더 향상시킬 수도 있다. 이렇게 `type`을 기반으로 해 이미지를 교체하면 우리는 `picture` 요소를 활용해서 브라우저에 어떤 파일 포맷을 지원하는지 물어볼 수 있다. 미디어 쿼리와 결합했을 때 이것은 더욱더 강력한 힘을 발휘하게 된다. 반응형 웹디자인^{Responsive Web Design} 사이트 상단 로고에서 그 예를 확인할 수 있다(http://responsivewebdesign.com/workshop).

```
<picture>
  <source
    media="(min-width: 50em)"
    type="image/svg+xml"
    srcset="/img/logo-rwd-sq.svg" />
  <source
    media="(min-width: 50em)"
    srcset="/img/logo-rwd-sq.png" />
  <source
    media="(min-width: 39em)"
    type="image/svg+xml"
    srcset="/img/logo-rwd.svg" />
  <source
    media="(min-width: 39em)"
    srcset="/img/logo-rwd.png" />
  <source
    type="image/svg+xml"
    srcset="/img/logo-rwd-sq.svg" />
  <img src="/img/logo-rwd-sq.png" alt="Responsive
    Web Design" />
</picture>
```

여기서 우리는 각 source의 미디어 쿼리를 type 속성과 결합시켰다. 그래서 단지 뷰포트의 너비만 쿼리하는 것이 아니라, 브라우저가 SVG를 지원하는지(type="image/svg+xml") 또한 질문한다. 그리고 그 질문을 여러 분기점에서 반복한다. 마스트헤드의 레이아웃이 가장 넓을 때((min-width: 50em))와 가장 좁을 때는 한 줄짜리 로고 이미지를 SVG(logo-rwd-sq.svg) 혹은 PNG(logo-rwd-sq.png)로 로드하고자 한다. 하지만 그 사이 분기점((min-width: 39em))에서는 두 줄짜리 로고 이미지를 로드하고자 한다. 이때도 SVG 지원 여부를 테스트하기 위해 type 속성을 다시 한 번 사용한다.

나머지 코드가 복잡해보일 수도 있지만 진행 과정은 동일하다. 브라우저는 가장 왼쪽에 있는 source부터 시작해 아래로 내려오며 동작한다. 미디어 쿼리는 뷰포트와 일치하는 동시에 type 속성도 브라우저가 지원하는 이미지 포맷과 일치하는 source를 찾는다. 조건에 부합하는 source를 발견하면 브라우저는 그 source의 srcset를 img에 보내 이미지를 표시한다. 만약 조건에 부합하는 source가 하나도 발견되지 않으면 브라우저는 img를 로드한다.

디자이너여, 틀을 다시 만들자

이 장에서 굉장히 광범위한 기술들을 살펴보았다. 우리는 CSS에서 background-position과 background-size를 사용하며 혹은 마크업에서 picture를 사용하며 디자이너로서 통제권을 발휘하는 한편, 브라우저가 srcset와 sizes를 통해 이미지 처리 문제의 일부를 해결해줄 수 있다는 것 또한 인정해야 한다. 그 둘 사이의 균형을 잘 잡아야 함을 여러 측면에서 요구받고 있다. 어떤 코딩 기술보다도 이런 점이 가장 커다란 도전으로 느껴진다. 특정 기술에 초점을 맞추는 것이 아니라 사용자 경험에 관해 갖고 있던 완벽한 통제권을 버리는 것에 초점을 맞추도록, 지금까지 우리가 해왔던 논의의 틀을 다시 만들어야 할 것이다.

4 반응형 광고

종이에 인쇄를 하면서부터 광고는 우리 곁에 있었다. 아니, 더 오래 전부터 있었다. 폼페이 유적의 벽에서는 캠페인 구호와 광고가 발견되기도 했다. 고대 이집트인은 파피루스에 판촉 메시지를 적어 눈에 잘 띄게 걸어두었다. 하지만 온전한 '종이' 형태의 것이 세상에 등장하고 나서 광고는 정말로 날개를 달았다. 가장 이른 인쇄 광고는 10세기 중국의 제품 광고 전단이다(그림 4.1).

누구에게나 가장 익숙한 광고는 인쇄된 페이지 광고일 것이다. 좀더 구체적으로 말하자면 잡지나 신문 등 정기 간행물에 등장하는 디스플레이 광고. 그런데 그런 광고도 처음에는 화려하지 않았다. 17세기 퍼블릭 어드바이저Publick Adviser의 페이지에 등장한, 알려진 것 중 최초의 커피 광고를 한번 보자(그림 4.2). 커피 로스팅 서비스에 관한 절제된(시적이라고도 할 수 있는) 추천글로, 오직 텍스트

그림 4.1 돌벽에서 전단지까지, 파피루스에서 신문 인쇄용지까지, 광고는 상당한 시간 동안 우리 곁에 있었다(http://bkaprt.com/rdpp/04-01/, http://bkaprt.com/rdpp/04-03/).

그림 4.2 런던의 '퍼블릭 어드바이저'에서 볼 수 있듯이 초창기 광고는 종종 그림보다 산문을 더 선호했다(http://bkaprt.com/rdpp/04-04/, http://bkaprt.com/rdpp/04-05/).

그림 4.3 1세기 후의 디스플레이 광고도 장식용 그림과 조금 더 대담한 조판을 제외하고는 여전히 절제된 느낌이다(http://bkaprt.com/rdpp/04-06/).

그림 4.4 물론 광고는 세월이 흐르면서 조금 더 생생해졌다(http://bkaprt.com/rdpp/04-07/, http://bkaprt.com/rdpp/04-08/, http://bkaprt.com/rdpp/04-09/, http://bkaprt.com/rdpp/04-10/, http://bkaprt.com/rdpp/04-11/).

로만 이루어져 있다. 1세기 후의 런던 타임스 1면을 실눈을 뜨고 보면 군데군데 해운 상선을 위한 광고가 눈에 띌 것이다(그림 4.3). 물론 세월이 흐르면서 인쇄된 디스플레이 광고는 초창기의 겸손했던 모습에서 차츰 진화해 이윽고 현란한 자태를 뽐내게 된다(그림 4.4).

웹이 등장했을 때 인쇄 기반 출판업자에게 효과가 있는 것으로 보였던 광고 관습을 웹에 그대로 가져온 것은 당연한 일이었다. 디지털 광고가 걸어간 길은 많은 면에서 인쇄 광고와 비슷했다. 초창기의 단순하고 수수한 배너 광고에서 오늘날 복잡한 인터랙티브 광고에 이르기까지, 디지털 광고의 디자인은 진화를 거쳐 이제는 디지털 광고만의 독자적인 관습을 발전시키게 되었다(그림 4.5-4.6). 웹 매체 중 상당수는 좋든 싫든 광고 후원을 받는다. 그런데 이것이 반응형 레이아웃에는 독특한 과제를 안겨준다. 웹 광고 대부분은

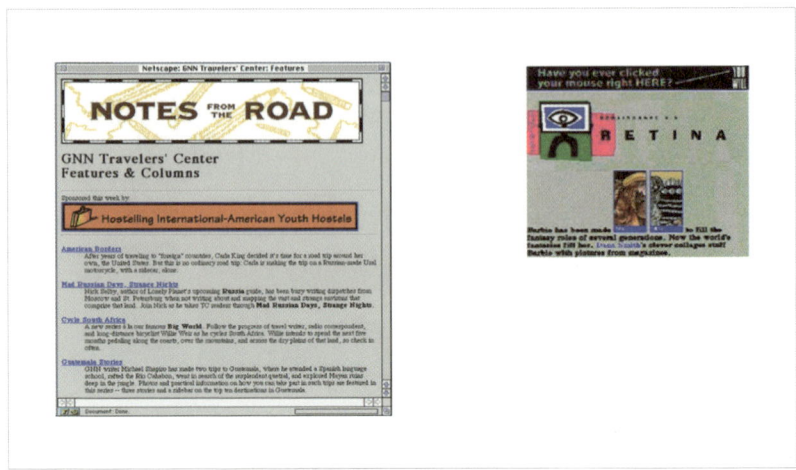

그림 4.5 좋든 싫든 오라일리O'Reilly와 핫와이어드HotWired의 초기 배너 광고는 디지털 광고 산업이 시동을 거는 데 한몫했다. 그리고 결국에는 광고 차단 프로그램이 뜨는 데도 한몫했다.

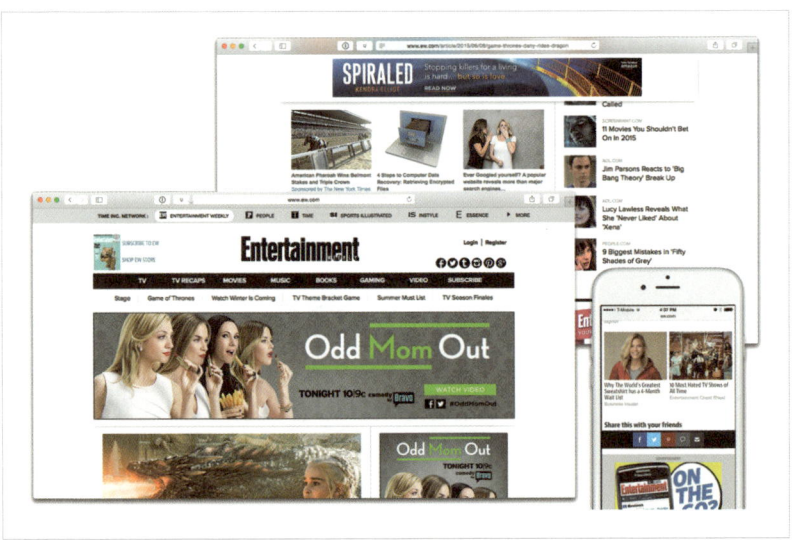

그림 4.6 배너에, 동영상에, 롤오버까지……. 대단하다!

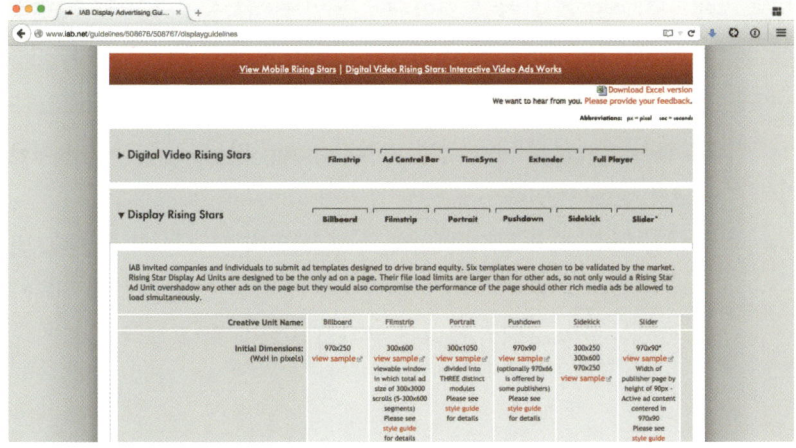

그림 4.7 원하는 모양의 광고가 다 구비되어 있다(단, 픽셀을 좋아해야 한다).

너비가 고정되어 있기 때문이다. 반응형 디자인 측면에서 보면 디지털 광고는 '방 안에 서 있는 코끼리'[1]와 같은 존재다.

    충격적이다. 나도 충격을 받았다. 하지만 사실이다! 온라인 광고 규격 대부분을 규정하는 책임 기관인 인터랙티브광고협회Interactive Advertising Bureau: IAB의 데스크톱 가이드라인이나 모바일 가이드라인을 읽어보라. 목록의 각 항목에는 '300×250 중간 크기 사각형 광고', '160×600 스카이스크레이퍼 광고' 등과 같이 구체적인 너비와 높이가 지정되어 있으며, 그 너비와 높이는 완벽하게 가변적이지 않은 픽셀값으로 규정되어 있다(그림 4.7).[2]

    내가 픽셀을 싫어해서 이런 이야기를 하는 것은 아니다(사실 많이 싫어한다). 이 문제는 반응형 디자이너가 풀어야 할 숙제이기 때문

---

1 elephant in the room. 누구나 다 인식하고 있는 문제지만 그걸 입 밖에 내면 서로 불편해지기 때문에 다들 알면서도 모르는 척하는 문제를 뜻하는 영어 관용구
2 2015년 당시에는 반응형 광고에 관한 사양이 없었지만, 현재는 마련되어 있다. 광고에 관한 사양은 https://www.iab.com/newadportfolio/에서 찾아볼 수 있다.

에 이런 이야기를 하는 것이다. 그동안 레이아웃은 더욱더 가변적이고 반응형이 되고, 특정 기기에 얽매이지 않게 되어 왔지만, 표준 광고 대부분은 여전히 크기가 고정된 특정 치수로 규정되어 있다. 자, 그러면 어떻게 해야 가변 디자인을 지키면서도 그 안에 고정된 광고를 넣을 수 있을까?

핵심만 콕 짚어 말하겠다. 이에 대한 완벽한 답은 아직 없다. 반응형 광고는 아직 준비 과정에 있으며 갈 길이 멀다. 하지만 우리가 활용할 수 있는 패턴이 하나둘 등장하고 있다. 함께 살펴보자.

조건에 따른 로딩

웹디자이너와 웹개발자를 위한 온라인 잡지 《스매싱 매거진Smashing Magazine》은 2012년에 매력적이고 새로운 반응형 사이트를 선보였다 (**그림 4.8**). 엘리엇 제이 스톡스Elliott Jay Stocks가 디자인한 반응형 사이트는 충분한 고민을 거친 우아한 타이포그래피와 경쾌한 색상들이 어우러져, 어떤 기기에서도 즐겁게 기사를 읽을 수 있었다. 만약 브라우저가 어느 정도 넓은 상태에 있으면, 화면 오른쪽에 있는 고정 너비의 사이드바 안에 여러 개의 광고가 보인다. 하지만 스마트폰이나 소형 태블릿처럼 작은 디스플레이에서는 광고가 보이지 않는다. 어느 분기점 아래에서는 광고가 완전히 감춰지는 것이다.

이런 효과를 만들어내는 CSS를 잠깐 살펴보겠다.

```
.sb {
  display: none;
}
@media screen and (min-width: 63.75em) {
  .sb {
    display: block;
```

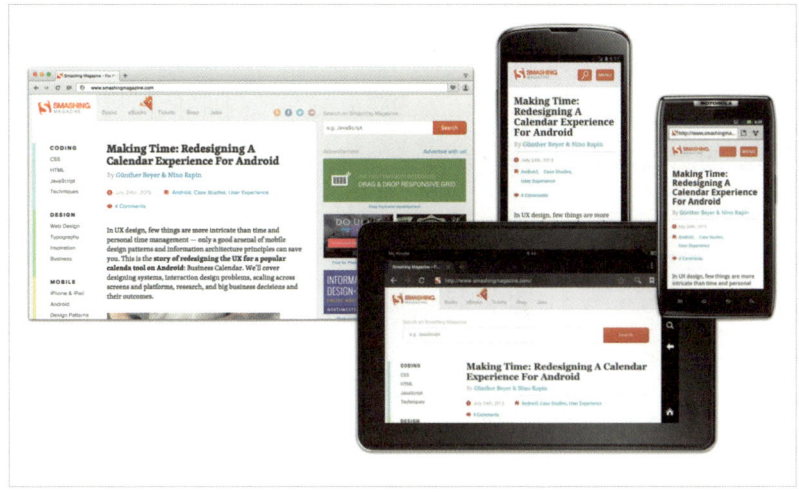

그림 4.8 기품 있는 반응형 디자인을 선보인 《스매싱 매거진》

```
    }
}
```

광고를 포함하고 있는 블록, 즉 `.sb` 클래스의 `div`가 기본적으로는 `display: none`으로 설정되어 있다. 그러나 뷰포트 너비가 `63.75em`(대략 1020px)보다 커지면, 사이드바의 `display` 속성이 `block`으로 설정되며 사이드바가 디자인의 오른쪽 끝에 다시 나타나고, 광고도 의기양양하게 모습을 드러낸다.

합리적인 접근 방식처럼 보이는가? 화면 크기가 특정 너비 이하로 작아지면 반응형 레이아웃 안에 광고를 통합하기가 대단히 어려워진다. 하지만 브라우저 검사기를 자세히 들여다보면 여전히 광고가 로드되어 있음을 알 수 있을 것이다. 광고를 다운로드하고 표시하는 코드는 여전히 실행되고 있다(그림 4.9). 단순히 CSS 몇 줄로 광고를 뷰에서 숨기고 있을 뿐이다.

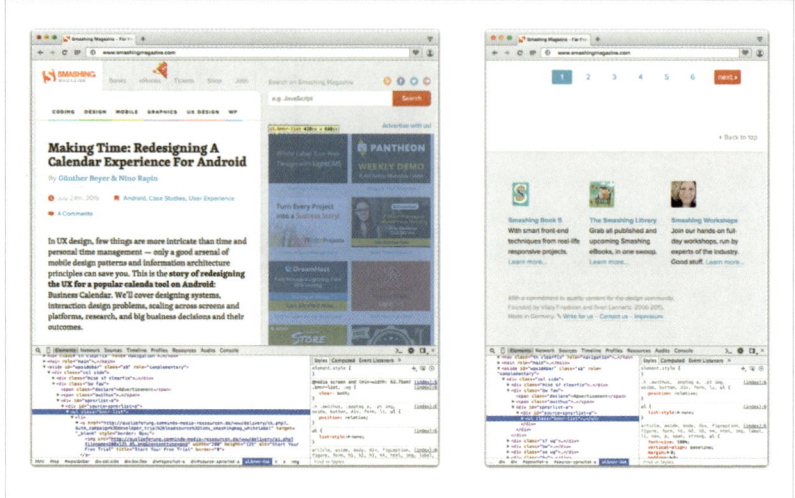

그림 4.9 《스매싱 매거진》의 광고는 뷰에서는 사라져도 여전히 로드된다.

화면에 맞지 않는 콘텐츠를 숨길 때는 고려할 사항이 많다. 광고 집행이라는 관점에서 보면 지금 이 상황은 넓은 화면 독자들이 작은 화면 독자들을 위해 비용을 대신 지불하고 있는 것과 다름없는 상황이다(물론 광고주들이 숨겨진 광고는 광고를 본 것으로 간주하지 않는다고 가정할 때의 이야기다). 앞에서도 논의했지만 숨겨진 요소에 관한 추가 코드는 디자인에 불필요한 간접비용을 초래한다. 모바일, 태블릿, 데스크톱, 기타 어떤 기기에서든 특정 사용자층이 특정 콘텐츠를 제공받지 못하는데도 그 정보를 단순히 CSS로 감춘다면, 그 독자층에게는 그에 대한 혜택 없이 추가 부담만 지우는 셈이다.

사이드바에는 광고 외에 중요할 수도 있는 다른 콘텐츠도 있다. 출간한 여러 도서의 홍보 콘텐츠, 뉴스레터 구독 양식 등이 작은 화면에서는 숨겨진다(그림 4.10). 얼른 덧붙여 말하자면 이는 《스매싱 매거진》에 대한 비판이 아니다. '맞지 않는' 콘텐츠를 숨기는 것

그림 4.10 광고만이 아니라 훌륭한 다른 콘텐츠들도 작은 화면에서는 숨겨진다.

은 많은 반응형 사이트에서 흔히 쓰는 기법이다. 하지만 텍스트, 동영상, 이미지, 광고 등 어떤 것을 디자인하든, 있는 정보를 숨기기보다는 디자인을 더 단순하게 만들 수는 없는지 기회를 찾아봐야 한다. 넘쳐나는 것을 CSS로 숨기기보다는 주어진 뷰포트에서 우리가 필요한 것만을 로드하는 것이 더 나은 접근법이 될 것이다. 더 구체적으로 말하자면 일단 각 분기점마다 가장 잘 맞는 광고가 어떤 것인지 결정한 다음, 디자인이 그 광고를 수용할 수 있을 때만 로드하는 것이다.

2장에서 조건에 따른 로딩을 활용해 복잡한 메뉴를 조건에 따라 로드하는 반응형 내비게이션을 간단히 살펴보았다. 이때의 조건이란 이를테면 '뷰포트가 특정 너비 이상일 때'와 같은 조건을 말한다. 현재 사이드바 요소의 마크업, 즉 .sb 클래스의 div는 페이지에 포함된 채 CSS로 숨겨져 있다.

```
<div class="sb">
  <!-- 사이드바 코드 -->
  …
</div>
```

이론적으로는 사이드바 마크업을 sidebar-contents.html과 같은 외부 파일로 옮긴 뒤, 에이잭스-인클루드 패턴(http://bkaprt.com/rdpp/02-08/)을 활용해 조건에 따라 그 외부 파일의 사이드바 마크업을 로드할 수도 있다.

```
<div class="sb"
  data-append="/include/sidebar-contents.html"
  data-media="(min-width: 63.75em)"></div>
```

이는 대략적인 스케치에 불과하지만 그래도 에이잭스-인클루드 패턴이 어떤 식으로 동작하게 되는지 보여준다. data-append 속성은 div에 덧붙여질 콘텐츠가 포함된 코드 파일의 URL을 가리킨다. 한편 data-media 속성은 만약 뷰포트가 63.75em이거나 혹은 그보다 더 넓다면 그 코드 파일이 로드되어야 한다고 말한다. 만약 뷰포트가 그보다 작을 때는 div가 아무 콘텐츠 없이 빈 상태가 된다.

계층 구조 다시 생각해보기

《보스턴 글로브》는 2011년에 사이트를 다시 디자인하면서 반응형 광고 문제에 대처하기 위해 패턴을 하나 고안해냈다. 광고 위치가 페이지 너비에 따라 결정되도록 하는 패턴이었다. 사이트에 열이 1개만 있을 때는 광고가 콘텐츠 흐름 속에서 적당한 지점에 삽입되면 된다. 대형 광고 하나가 홈페이지 톱기사 바로 뒤에 나타날 수도 있다. 하지만 이는 좁은 화면에서만 가능한 이야기다(그림 4.11). 레이아웃이 더 넓어져 사이트가 2개 열로 구성되면 그 광고는 원래 있던 자리에서 이동해 새로 생긴 두 번째 열 상단에 고정된다. 마찬가지로 가장 넓은 분기점에서 세 번째 열이 나타나면 그 광고는 다시 한 번 이동한다(그림 4.12-4.13).

나도 그 당시 작업을 맡은 팀의 일원이었다. 우리 모두 《보스턴 글로브》가 제안한 패턴이 광고를 반응형으로 만들 수 있는 단연코 참신한 접근법이라고 생각했다. 다만 새로운 패턴을 사용하려면 그들이 페이지에 광고를 넣기 위해 사용하던 기존 방법을 조금 변경해야 했다. 전통적으로 제작자들은 페이지의 HTML 안에 자바스크립트를 넣을 때 다음과 같이 했다.

```
<script>insertAd( 'MAIN_AD' );</script>
```

그림 4.11 작은 화면에서는 광고가 톱기사 아래에 나타날 수도 있다.

상당히 간결하다. 왜냐하면 원래 간결하도록 설계되었기 때문이다. `insertAd()` 함수는 어떤 유형의 광고(여기에서는 `MAIN_AD`)를 레이아웃의 바로 그 지점[3]에 넣는 일을 한다. 하지만 이 간결함은 오래 가지 않는다. 이 코드는 막상 브라우저에서 실행되면 종종 복잡해 보이는 자바스크립트로 변하기 때문이다. 구체적으로 이야기하자면 일련의 `document.write()` 구문으로 변한다.

```
<script>
document.write( »
  '<script src="ad-load.js"></script>' );
document.write( »
  '<style>.ad { border: 1px solid; … }</style>' );
…
</script>
```

[3] 마크업에서 `<script>` 태그와 `insertAd()` 함수가 있는 지점

그림 4.12 좀더 넓은 분기점에서는 광고가 두 번째 열로 이동한다.

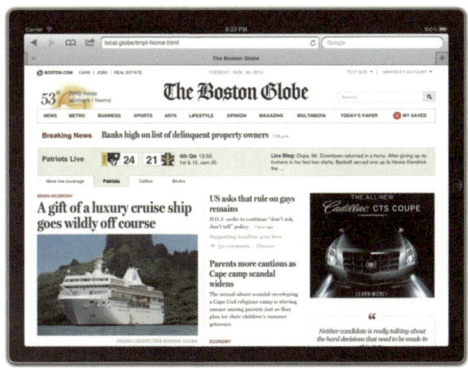

그림 4.13 디자인이 더 넓어지면 광고는 세 번째 열로 이동한다.

좀더 복잡해보이지만 그 개념은 동일하다. `document.write()` 구문들은 `MAIN_AD` 광고를 디자인 안에 넣는 일을 하며, 추가로 필요한 자바스크립트 및 CSS 파일들도 함께 넣는다. 이런 인라인 접근 방식은 웹에서 매우 흔하게 쓰인다. 각 광고가 정확히 어느 지점에 위

4장 반응형 광고 **129**

치할 것인지를 알 수 있기에 신뢰도 면에서 높은 점수를 받는다. 안타깝게도 《보스턴 글로브》가 제시한 것처럼 반응형이 더 강화된 디자인에서는 광고가 단 한 곳에만 나타나는 것이 아니라 여러 곳에 자리를 바꿔가며 나타날 수 있기에, 앞에 나온 인라인 접근 방식은 통하지 않는다.

문제를 복잡하게 만드는 것은 바로 document.write()다. 무엇보다도 성능 면에서 아주 좋지 않다. 브라우저가 광고를 표시하기 위해 필요한 외부 이미지, 스타일, 애셋 등을 다운로드하는 동안 페이지에서 document.write() 구문보다 뒤에 위치한 콘텐츠는 로드되지 않는다(그림 4.14). 이것이 사용자 경험에 끼치는 영향은 매우 좋지 않다. 특히 기기의 전력이 부족하거나 네트워크가 느린 환경의 사용자에게는 끔찍할 것이다. 그뿐만이 아니다. 콘텐츠가 document.write()를 통해 페이지 안에 한 번 작성되고 나면 그 콘텐츠는 더 이상 자바스크립트로 이동시킬 수가 없게 된다. 만약 이 방법을 사용했다면 광고는 한 곳에 갇혀 꼼짝달싹도 못 했을 것이다. 그러므로 document.write()를 통해 콘텐츠를 생성하는 것은 반응형 광고 패턴과 맞지 않다는 것을 알 수 있다.

광고를 반응형 친화적으로 만들기 위해 먼저 인라인 자바스크립트를 모조리 없애버렸다. 그리고 광고가 표시될 가능성이 있는 모든 영역, 즉 톱기사 아래쪽, 두 번째 열 상단, 세 번째 열 상단 등을 살펴보고 각각의 위치에 내용 없이 텅 빈 div를 넣었다.

```
<div data-adname="MAIN_AD" class="ad-slot-a"></div>
...
<div data-adname="MAIN_AD" class="ad-slot-b"></div>
...
<div data-adname="MAIN_AD" class="ad-slot-c"></div>
```

그림 4.14 `document.write()`는 콘텐츠를 디자인 내부의 정확한 지점에 넣는 데는 훌륭하지만 성능 면에서는 그리 좋지 않다.

각 `div` 안에 내용은 없지만 두 가지 정보가 첨부되어 있다. HTML5 `data-` 속성인 `data-adname`에는 추후 이 `div`에 포함될 광고의 이름이 지정된다(나는 속성 이름을 짓는 데 좀 천재인 것 같다). 다른 메타데이터는 사소한 `class` 속성으로, 각각의 광고 컨테이너를 그 형제 컨테이너들과 구별하는 역할을 한다.

별것 아닌 마크업이지만 바로 이것이 반응형 광고 패턴의 토대였다. 이제부터 보게 될 예에서는 `class` 속성을 통해 간단한 스타일을 적용해 여러 분기점에서 각 블록을 보이게 하거나 숨길 것이다. `display`를 적절히 활용하면 가벼운 자바스크립트를 써서 광고를 넣을 수 있을 뿐 아니라 광고가 한 위치에서 다음 위치로 옮겨 다니게 할 수도 있다.

1. 스크립트는 우선 `data-adname` 속성값을 공유하는 모든 `div`를 순회하면서, `display: block`이 설정된 것 중 가장 앞에 있는 것을 찾는다.
2. 발견되면 자바스크립트는 그 슬롯 안에 광고를 넣는다.
3. 브라우저 창의 크기가 바뀌거나 기기의 가로세로 방향이 변경될 때마다 자바스크립트는 이 과정을 처음부터 다시 시작한다. 즉 보이는 블록을 찾아서 그 컨테이너 안에 광고를 옮겨 넣는 것이다.

각 레이아웃 분기점마다 하나의 컨테이너만 보이게 함으로써 자바스크립트는 광고를 적절한 컨테이너 안에 넣을 수 있고 광고는 분기점을 인식할 수 있게 된다. 먼저 톱기사 바로 뒤에 나타나는 광고 블록을 보이게 하는 것부터 시작해보겠다. 즉 `class` 속성값이 `ad-slot-a`인 컨테이너다.

```
.ad-slot-a {
  display: block;
}
.ad-slot-b,
.ad-slot-c {
  display: none;
}
```

`ad-slot-b`와 `ad-slot-c`를 뷰에서 감추었기에 자바스크립트는 `MAIN_AD` 컨테이너 전체를 순회하면서 오직 `ad-slot-a`만이 보인다는 것을 알게 된다. 그 `div`가 `display: block`으로 설정되어 있으므로, 스크립트는 다음과 같이 그 컨테이너에 광고를 넣는다.

```
<div data-adname="MAIN_AD" class="ad-slot-a">
```

```
    <a class="ad" href="http://example.com/">
      <img src="http://example.com/ad-main.gif"
        alt="" />
    </a>
  </div>
  …
  <div data-adname="MAIN_AD" class="ad-slot-b"></div>
  …
  <div data-adname="MAIN_AD" class="ad-slot-c"></div>
```

뷰포트가 조금 더 넓어져 30em 정도가 되면 두 번째 열이 나타난다. 바로 그 지점에서 우리는 CSS를 약간 업데이트해서 오로지 두 번째 컨테이너인 ad-slot-b만 보이게 한다.

```
  @media (min-width: 30em) {
    .ad-slot-b {
      display: block;
    }
    .ad-slot-a,
    .ad-slot-c {
      display: none;
    }
  }
```

ad-slot-a는 감추어졌고 자바스크립트는 다시 실행되어 ad-slot-b가 보인다는 것을 알게 된다. 그리하여 스크립트는 바로 그 컨테이너에 광고를 넣는다.

```
  <div data-adname="MAIN_AD" class="ad-slot-a"></div>
  …
  <div data-adname="MAIN_AD" class="ad-slot-b">
    <a class="ad" href="http://example.com/">
      <img src="http://example.com/ad-main.gif"
        alt="" />
```

```
    </a>
  </div>
  ...
  <div data-adname="MAIN_AD" class="ad-slot-c"></div>
```

그다음 가장 넓은 분기점에서 우리는 가장 오른쪽 열 상단에 있는 컨테이너, 즉 ad-slot-c를 제외한 다른 모든 컨테이너를 감출 수 있을 것이다.

```
@media (min-width: 50em) {
  .ad-slot-c {
    display: block;
  }
  .ad-slot-a,
  .ad-slot-b {
    display: none;
  }
}
```

이 간단한 규칙 2개를 설정하는 것만으로 자바스크립트는 광고를 세 번째 컨테이너에 옮겨 넣는다.

```
<div data-adname="MAIN_AD" class="ad-slot-a"></div>
...
<div data-adname="MAIN_AD" class="ad-slot-b"></div>
...
<div data-adname="MAIN_AD" class="ad-slot-c">
  <a class="ad" href="http://example.com/">
    <img src="http://example.com/ad-main.gif"
    alt="" />
  </a>
</div>
```

별것 아닌 CSS 토글과 가벼운 자바스크립트의 도움을 받아 광고는 마침내 적절한 반응형 대접을 받게 되었다(그림 4.15). 크기가 변경되거나 일부가 잘려나가는 일 없이, 위치만 변경되면서 모습을 계속 드러낸 채 가능한 공간을 최대한 잘 활용하고 있다. 이런 접근법은 《보스턴 글로브》의 반응형 디자인에만 한정된 것이 아니다. 사실 필라멘트그룹은 이 패턴을 더욱 발전시켜 어펜드어라운드 AppendAround 라이브러리를 제작했다(http://bkaprt.com/rdpp/04-15/). 이 라이브러리는 반응형을 추구하는 디자이너가 단지 광고만이 아니라 어떤 콘텐츠든 한 컨테이너에서 다른 컨테이너로 옮길 수 있게 도와준다.

반응형 디자인 안에서 광고를 이동시키는 것은 빠르게 표준이 되어가고 있다. 복스닷컴을 포함해 복스 미디어가 발행하는 반응형 사이트 몇 군데도 이 패턴을 채택했다(그림 4.16). 그런데 그들의 접근법은 조금 다르다. 복스 미디어 프로덕트팀의 제시 영Jesse Young의 말에 따르면 그들은 광고를 옮기는 것이 아니라 광고를 제외한 다른 모든 것을 옮기기로 했다(http://bkaprt.com/rdpp/04-16/).

광고를 놓는 것은 좀 까다로운 일이다. 예를 들어 배너 광고가 다른 곳에는 나타나지 않고 오직 화면 오른쪽에만 나타나게 하고 싶은 경우가 있을 것이다. 그럴 때 우리는 자바스크립트로 위치 바꾸기를 한다. 그러나 실제로 우리는 광고의 위치를 바꾸는 것이 아니라 광고를 둘러싼 콘텐츠의 위치를 바꾼다. 왜냐하면 광고가 일단 표시된 상태에서 DOM을 직접 조작하게 되면, 광고 추적이 부정확해지거나 광고가 사라지거나 하는 원치 않는 상황이 발생할 수 있기 때문이다.

여기에 핵심이 있다. 반응형 광고에서 사실 레이아웃은 어려운 부분이 아니다. 여러 면에서 더 큰 과제가 우리 앞에 쌓여 있다.

그림 4.15 가벼운 자바스크립트와 CSS가 결합해 광고를 페이지 여기저기로 옮긴다.

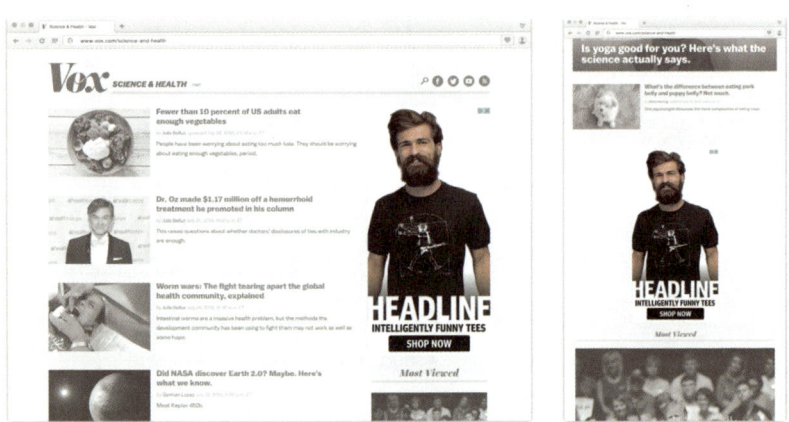

그림 4.16 복스 미디어는 콘텐츠를 광고 주위로 회전시킨다. 광고를 옮기는 것이 아니다.

새로운 모델의 필요성

디자이너 마크 볼턴^{Mark Boulton}은 레이아웃 문제에서 한 발 물러나 광고를 반응형으로 만드는 것에 관련된 더 뿌리 깊은 문제 몇 가지를 지적했다(http://bkaprt.com/rdpp/04-17/).

> 내가 생각하는 문제점은 다음과 같다.
>
> - 매우 많은 사이트가 광고 수익에 의존하고 있다. 그 사이트들 중 상당수가 반응형 웹디자인 접근법을 받아들이면 더 도움이 될 것이다.
> - 웹 광고는 완전히 다른 산업이다.
> - 광고에서는 고정된 규격 크기를 단위로 쓴다.
> - 광고는 크기와 페이지에서의 위치를 기반으로 주문, 판매, 제작된다.
> - 많은 광고가 단순하지 않다(테이크오버^{takeovers}, 동영상, 팝오버^{pop-overs}, 플라이아웃^{flyouts}, 인터랙션 등을 포함).

광고가 고정되어 있고 가변적이지 않다는 점, 다양한 기기와 화면 크기에 적용하기 불편하다는 점 등 레이아웃에 관련된 일부 문제는 이미 논의한 바 있다. 하지만 볼턴은 더 깊이 비즈니스와 관련된 문제의 뿌리까지 나아간다. 즉 광고 산업은 웹의 나머지 부문으로부터 독립적으로 운영되고 있으며 디지털 광고의 매출을 여전히 인쇄 중심의 방식, 위치에 특화된 방식으로 생각한다는 것이다.

디자이너 겸 아트 디렉터 로저 블랙^{Roger Black}은 이 주제에 관해 두 편의 에세이를 쓰며 또 다른 관점에서 이 문제에 접근했다. 온라인 광고 비즈니스는 웹의 '멀티 디바이스^{multi-device}' 특성, 즉 다양한 기기가 사용된다는 특성에 전혀 준비되어 있지 않다는 것이다.

웹·태블릿·모바일(광고)은 별도로 판매, 제공되고 있고 멀티 플랫폼 광고 전략을 따라갈 수 있는 애널리틱스 서비스도 없다. 지금 당장 반응형 광고를 내걸 수 있는 유일한 방법은 자체 제작하는 것, 스스로 창조하는 길뿐이다. …… 여러 플랫폼에서 조절이 가능한 광고를 사서 넣을 방법은 단 한 가지도 없다. IAB는 데스크톱 웹 광고의 규격 크기 판촉에는 수년 동안 노력을 기울였으면서 모바일 광고의 크기는 웹 광고 단위로도 기술해놓지 않고 있다.

블랙이 이 문제에 관해 글을 쓴 것은 2011년이었는데 핵심 문제는 지금까지도 별로 바뀐 것이 없다. 많은 광고 네트워크는 여전히 '모바일', '태블릿', '데스크톱'을 별도의 관리 및 판매 제품으로 생각하고 있어서 회사들이 다양한 기기 유형에 대비해 광고 전략을 조율하기가 어렵다. 당연히 이 문제는 시간이 지날수록 더 복잡해질 수밖에 없다. 조만간 디자인 대상이 모바일, 태블릿, 데스크톱과 같이 단순하게 분류되지 않을 테니 말이다(그래서도 안 된다). 구글이 발표한 연구 결과에 따르면 그렇게 뒤처진 접근법은 어떻게 해서든 서둘러 '멀티스크린'이라는 현실을 따라잡아야 한다(http://bkaprt.com/rdpp/04-20/). 사람들의 작업 흐름은 시작부터 끝까지 한 기기에서만 연속적으로 이루어지는 일이 드물다. 스마트폰에서 쇼핑을 시작했다가 나중에는 노트북이나 태블릿에서 결제를 완료하는 일도 흔하다.

반응형 레이아웃처럼 반응형 광고도 단지 형태만 더 가변적일 것이 아니라 사용자에게 전달되는 방식delivery 자체도 더 가변적이어야 한다. 광고 업계가 아직 레이아웃 규격이나 비즈니스 관습을 현대화하지 못한 반면, 많은 단체는 반응형 광고를 내부적으로 손보기로 하고 자체 제작한 더 가변적인 광고 포맷을 내부용으로 디자인하고 개발해왔다(그림 4.17). 복스 미디어의 트라이 브룬드레트[Trei]

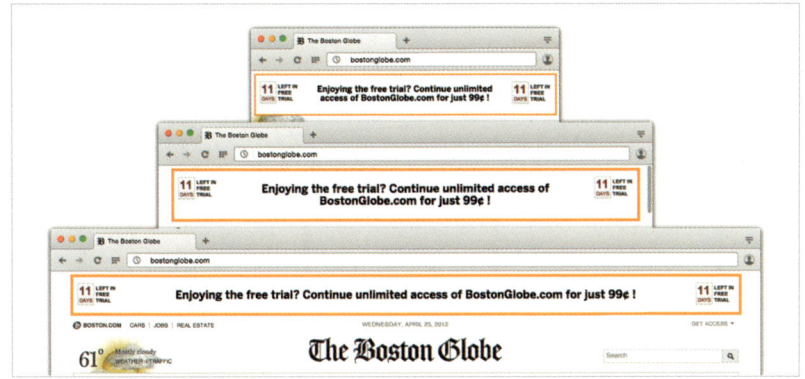

그림 4.17 《보스턴 글로브》와 같은 많은 언론 매체가 업계 규격을 거부하고 가변적인 광고를 내부적으로 디자인하기 시작했다.

Brundrett는 이와 같은 내부 접근 방식 덕분에 반응형에 더 친화적인 광고를 낼 수 있게 되었으며, 나아가 그렇게 제작된 광고는 사용자에게 덜 거슬리는 동시에 수익을 더 창출해내기도 했다고 밝혔다 (http://bkaprt.com/rdpp/04-21/).

> 우리가 세운 원칙은 광고도 전체 사용자 경험 중 일부라는 것이다. …… 우리가 구축한 디자인에 광고가 통합되어 사용자 경험이 좋아지면, 광고도 더 좋은 성과를 낸다는 결과가 나왔다. 그런 광고는 모든 이에게 더 좋은 성과를 낸다.

매력적인 이야기다. 훌륭하고 독자에게 친화적인 디자인에 디지털 광고는 잘 맞지 않는다는 시각이 아니라 가변적이고 반응형 친화적인 광고는 오히려 광고주와 독자 모두를 더 행복하게 만든다는 것이다.

《가디언》의 디지털 광고팀도 광고를 여러 기기에서 표시하는 실

그림 4.18 《가디언》은 업계 규격 대신 반응형 광고 단위를 내부적으로 몇 가지 만들었다.

힘을 한 후 비슷하게 이야기를 했다. 그들의 새로운 반응형 광고 단위가 '광고주에게도 더 좋고, 《가디언》에게도 더 좋고, 우리 독자들에게도 더 좋다'고 말이다. 《가디언》 사이트는 매달 '6,000가지 다른 유형이 카운트된다'고 할 정도로 유입되는 화면 크기와 기기 조합이 매우 다양하기 때문에 가변적인 광고 단위를 몇 가지 만들었다(그림 4.18). 그들은 각각의 광고를 부분적인 컴포넌트로 분해했고 그 컴포넌트들을 소규모 반응형 디자인처럼 다루었다.

이 단위를 구축하기 위해 광고의 다양한 요소, 즉 배경, 주제 이미지, 브랜딩, 콜투액션(행동 유도) 등의 요소들을 추상화했다. 그다음에 이 요소들은 HTML5 광고 단위 안에 개별적으로 채워지며 HTML5 광고 유닛은 쓸 수 있는 공간에 최적으로 반응할 수 있게 된다.

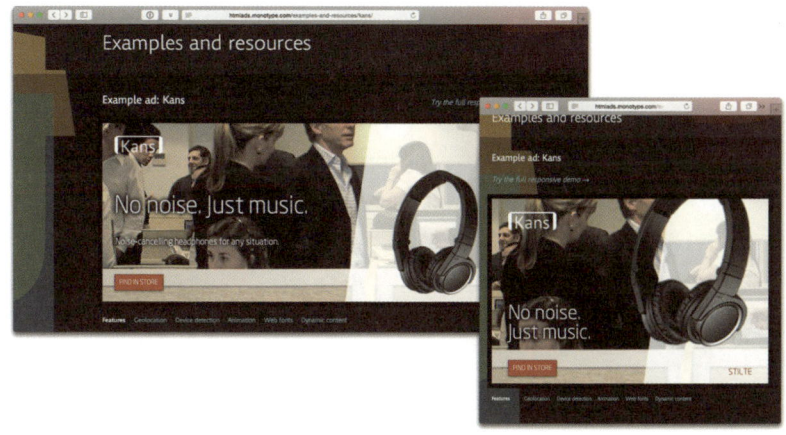

그림 4.19 모노타입의 다양한 반응형 광고 포맷은 개념을 멋지게 구체화한 좋은 예다(http://bkaprt.com/rdpp/04-24/).

《가디언》은 광고를 고정되고 경직된 블록으로 취급하지 않고 소규모 반응형 레이아웃으로 다루기 때문에 가변적인 반응형 캔버스 안에서 그 요소들의 위치를 다시 잡을 수가 있다.

물론 모든 사이트가 자기들만의 반응형 친화적인 광고 포맷을 디자인해 광고주에게 판매할 만한 역량을 갖고 있는 것은 아니다. 그래서 모노타입^{Monotype}은 가벼운 규격 기반 기술로 이루어진 다양한 반응형 광고 포맷의 데모를 몇 가지 구축했다. 각 광고 포맷은 전부 처음부터 가변성을 갖도록 디자인된 것이다(그림 4.19). 그리고 구글도 애드센스^{AdSense} 광고 서비스에 사용할 반응형 단위를 출시했다. 덕분에 반응형 광고가 더 폭넓게 사용될 수 있을 것이다(http://bkaprt.com/rdpp/04-25/).

반응형 광고는 여전히 걸음마 단계에 있다. 이 글을 쓰는 시점에도 광고 업계는 기기에 얽매이지 않는 광고를 개발하는 데는 별다른 진전을 보이지 못하고 있다. 대신 광고 노출을 개선하는 계약서

상의 언어에만 신경을 쓰고 모바일용 광고 포맷과 데스크톱용 광고 포맷을 별도로 디자인하는 데 많은 투자를 하고 있다. 광고를 게재하는 매체들에게는 현실과 업계 사이의 이런 간극이 힘겨울 뿐이다. 'CNN 인터내셔널 디지털'의 부회장 피터 베일^{Peter Bale}은 최근에 이런 지적을 했다(http://bkaprt.com/rdpp/04-27/).

> 어떤 기기에서든 동일한 수준의 수익을 낼 수 있는 반응형 디자인 광고라는 측면에서는 광고 업계가 아직 제자리를 찾지 못했다. 뒤처진 감이 있다. 우리는 그보다 앞서나가야 하지만 무척 힘든 일이다.

'뒤처짐'이 사라질 때까지는 성능이나 레이아웃과 같이 사용자가 직면하는 문제를 처리하는 것은 우리 몫인 것 같다. 우리만의 방법을 고안해내어 광고를 가볍고, 가변적이고, 반응형으로 만들어야 할 것이다.

무한한 그리드 디자인하기

> 좋아 보이는 것보다 제대로 동작하는 것이 더 낫다.
> 좋아 보이는 것은 언제든 바뀔 수 있지만, 제대로 동작하는 것은 언제든 제대로 동작하기 때문이다.
> — 레이 임스 Ray Eames [1]

지금까지는 현미경 앞에 앉아 있는 것과 같았다. 지금까지 우리는 내비게이션, 이미지, 광고 등을 다루는 데 사용되는 일반적인 원리들을 논의하면서 반응형 디자인의 해결하기 쉽지 않은 부분들을 세밀하게 살펴보았다. 그러나 디자인의 어떤 요소도 고립되어 홀로

---

[1] 미국의 건축 및 가구 디자이너이자 영화감독. 남편인 찰스 임스와 함께 작업하며 현대 건축 및 가구 디자인의 발전에 큰 공헌을 했다.

존재하지 않는다. 결국 이 작은 레이아웃 시스템들이 한데 모여 더 큰 것을 이루어야 할 때가 언젠가는 오게 된다. 여기서 말하는 더 큰 것이란 가변적이고 반응형이면서 (바라건대) 아름답기까지 한 것을 뜻한다.

이 책 앞 부분에서 트렌트 월턴의 말을 인용했다. 그 말을 여기서 되새겨보면 도움이 될 것 같다(http://bkaprt.com/rdpp/05-01/).

> 나는 포토샵으로 작업하던 방식을 버리고 새로운 방식을 선택했다. 가변 그리드, 가변 이미지, 미디어 쿼리 등을 활용한 방식이다. 나는 더 이상 페이지를 만들지 않는다. 페이지 대신 어떤 화면 크기에서든 메시지를 가장 잘 전달하도록 다시 배치할 수 있는 콘텐츠 네트워크를 구축한다.

'콘텐츠 네트워크', 정말 멋진 표현이다. 지금까지 우리는 반응형 레이아웃에 여기저기 흩어져 있는 부분, 즉 콘텐츠에 집중해왔다. 하지만 콘텐츠를 포함하는 더 큰 네트워크를 놓치지 않는 것이 중요하다. 우리는 반응형 디자이너로서 디자인의 개별 조각에만 초점을 맞출 것이 아니라 더 큰 레이아웃 시스템 안에서 요소들끼리 갖는 관계에도 초점을 맞추어야 한다. 조 스튜어트는 버진 아메리카 항공 사이트를 반응형으로 다시 디자인했던 작업에 대해 이와 비슷한 맥락에서 이야기했다. 각 분기점에 배타적으로 초점을 맞춘 것이 아니라 더 넓고 전체적인 관점으로 접근했다는 것이다(http://bkaprt.com/rdpp/05-02/).

다들 모바일에서는 사용자 경험에 초점을 맞추려고 하면서 데스크톱으로 오면 그야말로 닥치는 대로 다 집어넣는 것 같다. 반응형의 훌륭한 점 가운데 하나는 모바일에서 하는 결정을 데스크톱에서도 강제로 하게 된다는 점이다. …… 디자인과 디자인 프로세스 혹은 반응형 등을 종합적으로 생각해보면, 어떤 사람은 모바일 우선mobile-first이라는 말을 좋아하지만 사실 반응형에서는 모든 기기 우선everything first이다.

디자인 에이전시 '업스테이트먼트Upstatement'의 파트너 티토 보티타Tito Bottita는 모바일 우선주의가 매우 중요한 원리이기는 하지만 업스테이트먼트는 《보스턴 글로브》의 레이아웃을 조금 다른 방식으로 계획했다고 말했다.

> 우리는 960픽셀에서 콘텐츠를 여러 열column에 놓고 디자인을 시작했다. 960픽셀은 논란의 여지는 있겠지만 가장 복잡한 분기점이라고 할 수 있다. 아마도 오랜 세월 이 너비에서 작업해왔기 때문에 자연스레 그렇게 된 것 같다. 하지만 그 이상의 이유도 있었다고 생각한다. 화면이 더 넓을수록 디자인하기가 더 쉬워진다는 점이다. 한번에 더 많은 것이 보이고 계층 구조도 더 미묘한 차이를 보인다. …… 그래서 우리는 960에서 시작해 아래로 작업해나갔다. 모든 결정은 바로 아래의 디자인과 바로 위의 디자인에 영향을 끼쳤다. 우리는 여러 분기점 사이를 수도 없이 왔다 갔다 했다. 모바일 디자인 작업은 모바일 우선주의에서 말하는 것처럼 가장 중요한 것을 어쩔 수 없이 결정하도록 했기에 참으로 유익했다. 또한 분기점이 달라져도 콘텐츠를 감추려 하지 않았기 때문에, 모바일 뷰를 작업하다가 다시 최상위 레벨로 돌아가 복잡함을 없애곤 했다. 이런 작업 과정이 마치 조각상을 만드는 과정처럼 느껴지기도 했다.

업스테이트먼트가 발견한 것처럼 가장 넓고 복잡한 레이아웃에서 시작한다고 해서 디자인의 가장 작은 뷰를 깔끔하게 정제할 수 없는 것은 아니다. 많은 경우에 하나의 분기점에서 작업물을 검토해보면 다른 분기점에서의 형태에 영향을 미치게 된다. 업스테이트먼트가 한 것처럼 인디자인을 활용해 각 분기점에 친화적인 디자인을 각각 만들어 서로 비교하며 균형을 잡아가도 괜찮을 것이다. 아니면 곧장 HTML과 CSS에 뛰어들어 반응형 프로토타입을 만들어도 될 것이다. 사실 어떤 도구를 쓰느냐 하는 것은 부차적인 문제다. 우리 눈앞에는 더 큰 질문이 기다리고 있다. "이 모든 별개의 부속품을 어떻게 더 크고 유용한 반응형 디자인으로 조립할 것인가?"

그렇다면 이 시점에서, 아무래도 프레임워크에 관한 이야기를 해야 할 것 같다.

프레임워크

최근 수년 동안 반응형에 특화된 CSS 프레임워크framework가 여럿 등장했다. 그중 대표적인 두 가지가 부트스트랩Bootstrap (http://bkaprt.com/rdpp/05-04/)과 파운데이션Foundation (http://bkaprt.com/rdpp/05-05/)이다. 각 프레임워크에 규정되어 있는 마크업을 사용하면 반응형 레이아웃을 빠르게 만들어낼 수 있다(그림 5.1). 예를 들어 파운데이션을 활용해 한 줄에 열을 3개 만들 때는 다음과 같다.

```
<div class="row">
  <div class="small-4 columns">...</div>
  <div class="small-4 columns">...</div>
  <div class="small-4 columns">...</div>
</div>
```

파운데이션의 레이아웃은 기본적으로 12열 그리드 위에 구축된

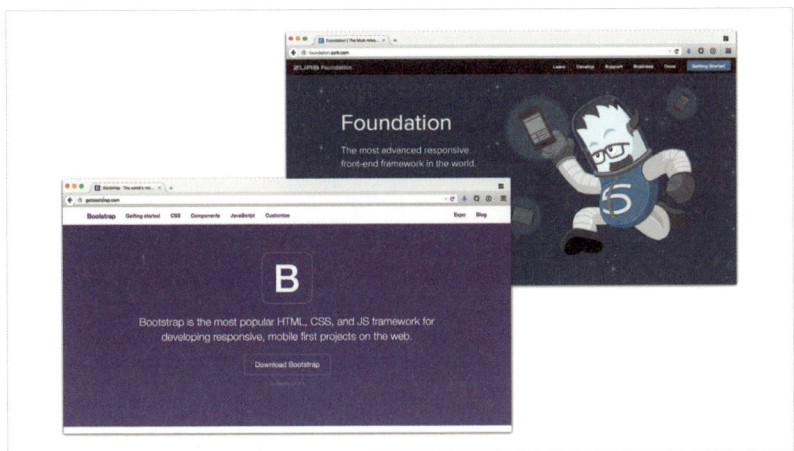

그림 5.1 부트스트랩과 파운데이션 같은 서드파티 CSS 프레임워크를 활용하면 반응형 레이아웃을 더 신속하게 구축할 수 있다.

다. `small-4`와 같은 클래스는 각 요소가 12개 열 중에서 점유하게 되는 열의 수를 서술하며, 파운데이션의 CSS는 이런 클래스를 이용해 요소들을 각 행에 배치할 것이다(그림 5.2-5.3). 더 넓은 분기점에서 우선순위를 바꾸고 싶다면, 바꾸고자 하는 바를 마크업에서 서술해주기만 하면 된다.

```
<div class="row">
  <div class="small-12 medium-3 columns">...</div>
  <div class="small-12 medium-6 columns">...</div>
  <div class="small-12 medium-3 columns">...</div>
</div>
```

특정 분기점(파운데이션에서는 기본적으로 `640px`로 설정됨)보다 화면이 더 넓어지면 `medium-` 클래스들이 활성화되면서 가운데에 있는 `div`가 6개 열을 점유하고 앞뒤에 있는 `div`들은 각각 3개씩 열을 점유하게 된다. 단지 HTML에서 클래스 몇 개를 바꿔주는 것만으로

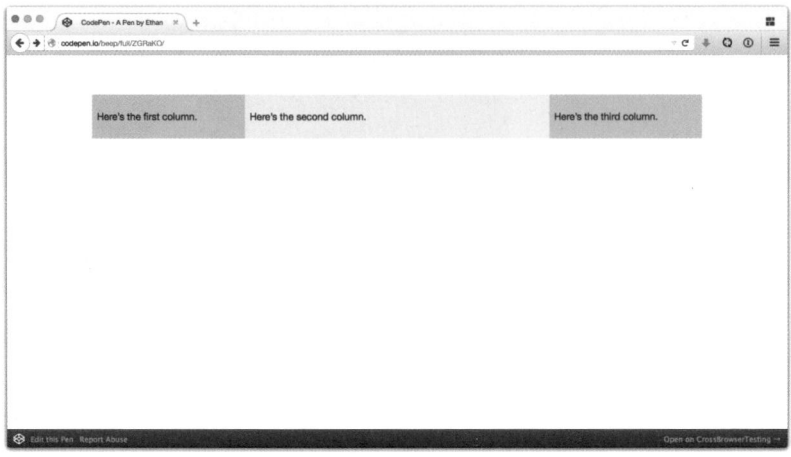

그림 5.2 3개 요소로 구성된 하나의 행을 파운데이션 프레임워크의 간단한 마크업으로 구축했다.

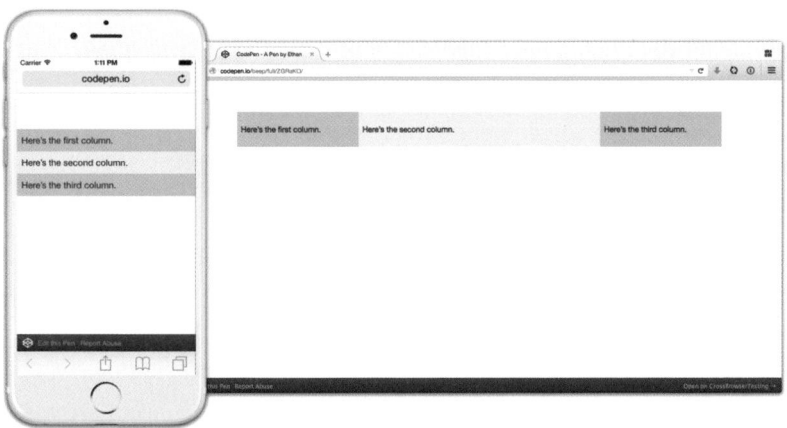

그림 5.3 파운데이션의 마크업 패턴 몇 가지만으로 우리는 가변적인 반응형 그리드 레이아웃을 갖게 되었다.

이 모든 것이 가능해진다.

깔끔하지 않은가? 반응형이든 아니든 CSS 프레임워크는 정말 멋지다고 생각한다. 만약 팀으로 일할 때 CSS 프레임워크를 쓰면(이미 만들어진 것이나 팀에서 자체적으로 개발한 것을 쓰면) 레이아웃을 만들어낼 때 개인의 주관성을 많이 배제할 수 있고, 자의적인 클래스 이름 및 HTML 구조를 없앨 수 있으며, 함께 작업하는 모든 이가 동일한 관습을 사용하게 할 수 있다. 또 프로토타입을 작업할 때도 그만한 것이 없다. 나는 고객과 반응형 디자인을 논의하는 자리에서 서드파티 CSS 프레임워크로 빠르게 페이지 목업을 작업하는 경우가 많다. 한 번 쓰고 버리는 코드로 최대한 빠르게 브라우저 안에 레이아웃을 잡는 것이다. 내가 가장 중요하게 생각하는 것은 서드파티 CSS 프레임워크가 훌륭한 교육 자료로 쓰일 수 있다는 것이다. 디자이너는 이들을 활용해 페이지 레이아웃의 기본을 더 잘 이해할 수 있다.

그러나 이들은 무겁다.

내가 '무겁다'고 하는 것은 프레임워크에 사용된 코드 자체가 무겁다는 의미는 아니다. 물론 그것도 우리가 걱정해야 할 문제이기는 하다. 추가로 작성된 클래스들과 마크업의 부피가 조금 크기 때문이다. 뒤에서 살펴보겠지만 CSS에 기반을 둔 방법 가운데 마크업에서 행과 열을 지정하지 않고도 탄탄한 레이아웃 시스템을 만들어낼 수 있는 방법이 많이 있다.

용량 문제는 접어두고 더 큰 문제를 이야기하겠다. CSS 프레임워크가 무겁다고 말하는 것은 개념적으로 무겁다는 의미다. 프레임워크가 제공하는 레이아웃은 대체로 너비가 균등한 12개 혹은 16개 열로 이루어진 이상적인 그리드에 얽매여 있다. 이상적인 그리드를 출발점으로 해서 마크업의 클래스들은 특정 분기점에서 그 그리드가 어떻게 조정될 것인지를 서술한다. 파운데이션과 부트스트랩을 보면 이들이 사용하는 분기점은 굉장히 기기에 특화되었다(그림 5.4).

	부트스트랩	파운데이션
소형 화면	768px 이하	640px 이하
중형 화면	768px 이상	641px 이상
대형 화면	992px 이상	1024px 이상
초대형 화면	1200px 이상	1440px 이상

그림 5.4 대중적으로 활용되는 반응형 프레임워크인 부트스트랩[2]과 파운데이션[3]은 픽셀값으로 분기점을 규정한다. 그 픽셀값들은 흔히 볼 수 있는 기기들의 크기와 긴밀하게 관련되어 있다.

물론 이것은 기본값이고 바꾸는 것도 어렵지는 않다. 하지만 기본으로 사용하는 이 분기점은 흔히 볼 수 있는 특정 기기들과 긴밀한 관련을 맺고 있다. 768px은 아이패드와 같은 10인치 태블릿의 세로 방향에 흔한 길이고, 640px은 삼성 갤럭시나 HTC 원One 같은 다양한 스마트폰의 가로 방향에 맞춘 것이다. 이 프레임워크들은 설계도 잘되어 있고 확장성도 좋기는 하지만 이들이 설정한 분기점은 우리가 현재 이해하고 있는 모습만을 반영한 웹의 스냅샷에 불과하다. 점점 브라우저와 화면 크기, 기기의 다양성 등이 급증하고 있는 상황에서 우리에게는 더 가벼운 프레임워크가 필요하다. 디자인이 '모바일 아니면 태블릿 아니면 데스크톱'이라는 틀 너머에서도 살아남을 수 있도록, 디자인 자체만큼이나 민첩하게 대응할 수 있는 프레임워크가 필요한 것이다.

2013년 휘트니미술관Whitney Museum은 브랜드 작업을 새로 하면서 새로운 정체성(그림 5.5)에 맞춰 훌륭한 사이트(http://bkaprt.com/rdpp/05-06/)도 함께 론칭했다. 로고와 사이트 둘 다 탁 트인 마진과

2 https://getbootstrap.com/docs/4.0/layout/grid/#grid-options
3 https://get.foundation/sites/docs/media-queries.html#changing-the-breakpoints

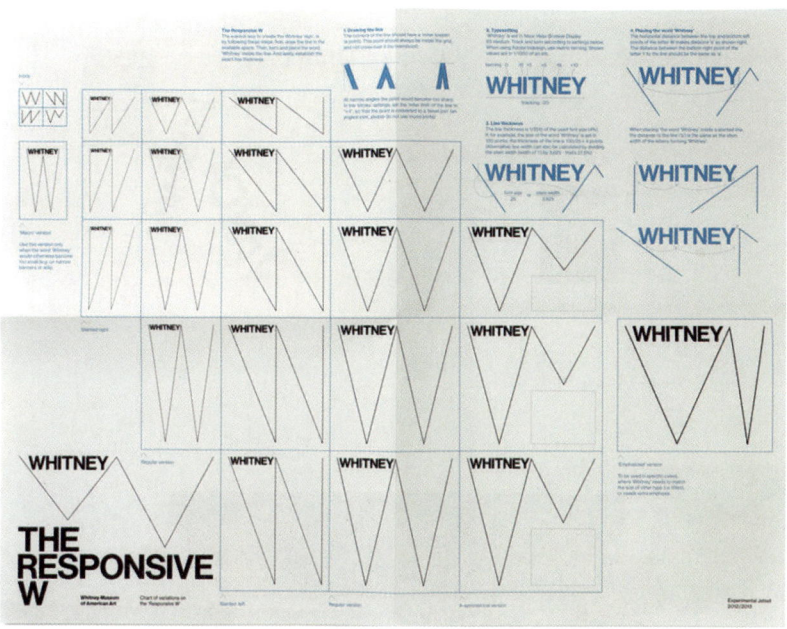

그림 5.5 휘트니미술관의 새로운 로고. 이것을 '반응형 W'라고 부른다(http://bkaprt.com/rdpp/05-07/).

굵고 각진 선을 강조하는 멋지고 현대적인 디자인이다. 로고는 군더더기 없이 미니멀해 보이는 면이 있지만 의외로 응용 범위가 넓어서 어지러울 지경이다. 미술관이 소장하고 있는 예술 작품이 로고 안에 포함되기도 하며, 미술관을 방문하는 사람은 온갖 형태의 매체에서 변화된 모습의 로고를 하루 종일 곳곳에서 마주칠 수 있다(**그림 5.6-5.7**). 어느 정도 반응형인 휘트니미술관의 웹사이트에서는 로고가 여러 분기점에서 극적으로 변한다. 수없이 많은 종류의 매체에서 다양한 변화가 이루어지며 로고의 형태가 계속해서 바뀌는데도, 마크는 휘트니미술관만의 독특한 'W'임을 언제나 알아볼 수가 있다(**그림 5.8**).

수백 가지의(수천 가지는 아닐지라도) 변화는 혹시 벽장 안에 들어

그림 5.6 휘트니미술관의 로고는 미니멀하면서 가변적이어서 미술관 소장 작품이 로고 안에 포함될 수도 있다(http://bkaprt.com/rdpp/05-07/)

그림 5.7 이 로고는 실제 세계 안에서도 살아 숨 쉰다. 사진은 버스 정류장에 나타난 모습(http://bkaprt.com/rdpp/05-07/)

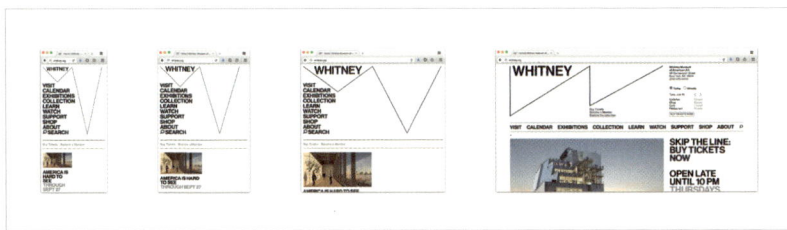

그림 5.8 휘트니미술관의 로고는 웹사이트만큼이나 변화에 잘 대응한다. 아주 탁월하다.

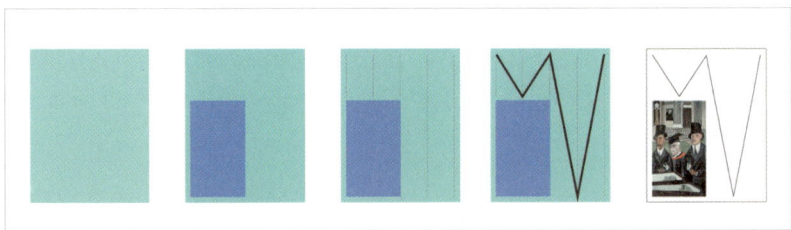

그림 5.9 단순한 프레임워크도 수천은 아닐지라도 수백 가지의 로고 변화를 만들어낼 수 있다(http://bkaprt.com/rdpp/05-07/).

있는 커다란 컴퓨터가 연기를 뿜어내며 알고리즘적으로 완벽한 로고의 변화들을 생성해내는 것이 아닐까 하는 생각마저 든다(흠, 내 비밀이 드러나고 말았다. 나는 사실 컴퓨터라는 것을 한 번도 구경해본 적이 없다.) 하지만 그럴 리가 없다! 알고 보면 로고 디자이너들이 생각해낸 테크닉은 어려울 것이 하나도 없다. 거의 무한대에 가까운 변화를 생성해낼 수 있다(그림 5.9).

1. 로고에 포함되어야 할 요소가 특정 영역(종이 한 장 혹은 웹 페이지의 한 섹션) 안에 있다.
2. 그 요소가 있는 영역을 제외한 쓸 수 있는 나머지 영역을 균등한 너비의 4열로 나눈다.

3. 이제부터는 단순히 점들끼리 잇기만 하면 된다. 첫 번째 열 상단에서 두 번째 열 하단까지 선으로 이어준다. 두 번째 열 하단에서 세 번째 열 상단까지 또 선으로 이어준다. 이런 식으로 'W'가 완성될 때까지 계속한다(그림 5.9).

이것이 바로 진정한 의미의 프레임워크다. 하지만 우리가 웹에서 사용하는 프레임워크보다는 훨씬 더 가볍다. 실행에 초점을 맞추지 않기 때문이다. 즉 특정 요소를 배치하거나 열과 행을 배열하거나 하는 데 초점을 맞추지 않는다는 것이다. 대신 바라는 결과의 특징을 규정하는 데 초점을 맞춘다. 제대로 된 마크가 나올 수 있는 조건을 형성하는 것이다. 현재 직면한 모든 과제 앞에서 그리고 곧 직면하게 될 모든 과제 앞에서, 이것은 웹에서 우리에게 정말로 필요한 프레임워크의 훌륭한 모델이다.

우리가 처한 상황과 관련된 이야기를 하나 해보겠다. 두 명의 예술가와 움직이는 그림에 관한 이야기다.

20세기 초 만화가 윈저 매케이 Winsor McCay 는 미국에서 작품이 널리 읽히던 예술가 가운데 한 명이었다. 매케이의 대표작 《잠의 나라로 떠나는 리틀 니모 Little Nemo in Slumberland》는 엄청난 인기를 끌었다. 신문 한 페이지 크기의 만화에 색과 디테일이 가득했고, 오늘날 만화 페이지가 점점 줄어들고 있는 현대 신문에서는 볼 수 없는 영화 같은 레이아웃을 자랑했다(그림 5.10).

소문에 따르면 매케이는 아들이 갖고 있던 플립북[4]을 보고 아이디어를 얻어 '움직이는 그림을 만드는 것'을 시도해보기로 했다고 한다. 매케이가 처음 시도한 작품에는 한 장 한 장 손으로 꼼꼼하게

---

4 여러 장의 종이에 연속 동작을 묘사하는 그림을 그린 후 한 번에 휘리릭 넘겨 애니메이션처럼 보이게 하는 책

그림 5.10 윈저 매케이의 《잠의 나라로 떠나는 리틀 니모》는 출간된 지 한 세기가 지난 후에 봐도 놀라울 정도다. 감사하게도 '인터넷 아카이브Internet Archive'에서 무료로 볼 수 있다(http://bkaprt.com/rdpp/05-08/).

그린 프레임이 4,000장 이상 들어갔으며, 《잠의 나라로 떠나는 리틀 니모》의 캐릭터들이 춤추고, 싸우고, 괴상하게 생긴 시가를 피우는 모습이 묘사되어 있다(그림 5.11). 이후 10년 동안 매케이는 특유의 스타일과 뛰어난 데생 실력을 앞세워 자신이 창조해낸 아름다운 선형 예술을 동작 예술로 옮겨놓으며 10편의 애니메이션을 만들었다. 10편의 작품은 하나하나가 다 매우 아름답다(그림 5.12).

매케이의 애니메이션이 조금 초보적으로 느껴지는 데가 있다고 말한다 해도, 그것이 매케이가 이루어낸 성취를 조금이라도 깎아내린다고는 생각하지 않는다. 오늘날의 시각으로 보면 조금이나마 수고를 덜도록 화면이 재사용되거나 뒤집혀서 사용된 부분을 쉽게 알 수 있으며, 또 캐릭터들의 움직임이 종종 기계적으로 보일 때가 많다. 이것은 비판이 아니다. 매케이와 그의 동료들은 에밀 콜Emile Cohl, 제임스 스튜어트 블랙턴James Stuart Blackton, 맥스 플라이셔Max Fleischer 등과 같은 애니메이터들과 함께 초기 애니메이션을 탐구하고 이끈 개척자였다.

그러나 몇 십 년 후 월트 디즈니Walt Disney가 스튜디오를 세우고 나서야 사람들은 애니메이션을 하나의 예술 형태로 진지하게 받아들이기 시작했다. 내 말이 조금 과하게 들릴지 모르겠지만 사실이다. 디즈니 작품 속 캐릭터들은 이전의 애니메이션에서는 볼 수 없었던 우아한 움직임을 갖고 있었다. 디즈니 스튜디오의 원조 애니메이터 가운데 한 명인 마크 데이비스Marc Davis는 월트 디즈니가 스튜디오를 창립하기 전까지 "애니메이션은 만들어지고 있었지만 이야기는 한 번도 만들어진 적 없었다"라고 말했다. 물론 그것은 데이비스가 기존 애니메이션 창작자들에게 존재감을 드러내기 위해 내뱉은 강력한 포효라고도 할 수 있지만, 그 말 속에 어느 정도 진실도 있다고 생각한다. 솔직히 디즈니 스튜디오의 작품이 영화 관객에게 끼친 영향은 아무리 과장해도 지나치지 않을 정도다. 별다른 장식 없이

그림 5.11 윈저 매케이는 자신의 첫 애니메이션 단편 영화로 《잠의 나라로 떠나는 리틀 니모》를 각색해 스크린으로 옮겼다. 유튜브 동영상에서 캡처한 화면(https://bit.ly/3bue25U)

그림 5.12 수작업으로 그려진 매케이의 영화들은 선그림 애니메이션 초창기의 작품들로, 조금 섬뜩한 주제(http://bkaprt.com/rdpp/05-10/)부터 확실히 사랑스러운 주제 그리고 무서울 정도로 극적인 〈루시타니아 호의 침몰〉(http://bkaprt.com/rdpp/05-12/) 등을 다루었다.

단순한 선 그림에 색이 입혀지고 움직임이 더해지면 그것이 진짜처럼 느껴졌다. 사람처럼 느껴졌다. 그전까지는 정말로 그런 것이 없었다.

디즈니 스튜디오가 성공할 수 있었던 것은 부분적으로는 디즈니라는 인물 덕분이었다고 할 수 있다. 그렇다고 해서 디즈니가 자신의 직원들이나 경쟁자들보다 애니메이터로서 재능이 더 있었기 때문인 것은 아니다. 그것보다는 디즈니가 연출가로서 매우 까다로웠던 것이 성공 요인이라고 볼 수 있다. 디즈니는 자신의 스튜디오가 제작하는 애니메이션에 관객들이 공감할 수 있는 '현실의 단면^{caricature of realism}'과 '생명의 환상^{Illusion of life}'을 담을 것을 요구했다. 디즈니의 원조 애니메이터였던 프랭크 토머스^{Frank Thomas}와 올리 존스턴^{Ollie Johnston}은 몇 십 년 후에 디즈니가 추구한 가치를 제목으로 삼은 《생명의 환상^{The Illusion of Life}》이라는 훌륭한 책을 펴냈다. 그 책에서 토머스와 존스턴은 '애니메이션의 12가지 기본 원리^{The Twelve Basic Principles of Animation}'를 정의했다. 화면 연출, 타이밍, 곡선 운동 등의 애니메이션 개념을 담고 있는 이 12가지 원리는 디즈니 스튜디오의 애니메이터들이 디즈니의 다소 까다로운 요구에 부응할 수 있게 해준 스튜디오 작업의 기반이었으며, 나아가 현대 애니메이션의 수준을 끌어올린 토대가 되었다(그림 5.13).

개인적으로 토머스와 존스턴의 책을 강력 추천한다. 기술 서적임에도 불구하고 참으로 유려한 글이 막힘없이 읽히는 책이다. 시간이 없다면 토머스와 존스턴이 제시한 가이드라인의 요약본을 이들의 웹사이트에서 읽어볼 수도 있다(http://bkaprt.com/rdpp/05-15/). 읽다보면 원리들이 딱히 기술적이지 않다는 점을 알게 될 것이다. 이들은 알아듣기 힘든 전문 용어를 지양하고 그림에 디즈니 작품을 규정하는 생명의 환상이 있는지 없는지를 어떻게 판단할 것인지 설명한다. 캐릭터의 팔이 곧 공을 던질 예정이라는 것이 적절하게 예측되었는가? 캐릭터가 프레임의 한쪽 끝에서 반대편 끝으로 걸어갈 때 그 걸음걸이에 충분한 '찌그러짐과 뻗음^{squash and stretch}'이 있었는가?

이 원리들은 스튜디오 애니메이터들이 함께 공유하는 공통의 어

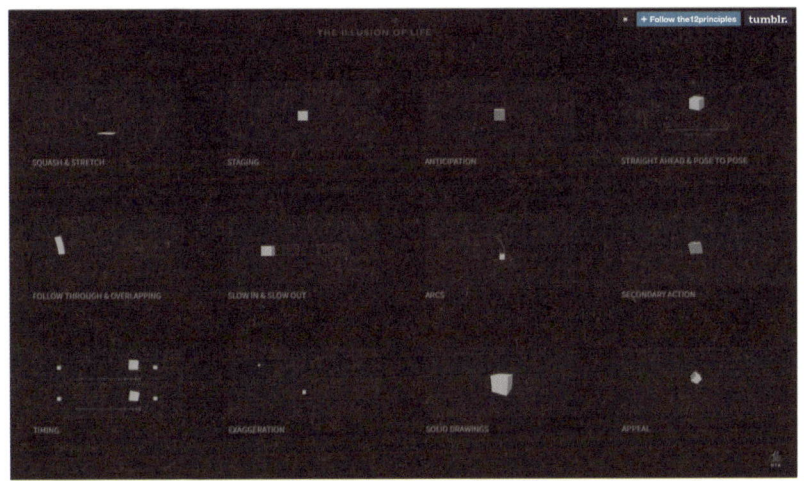

그림 5.13 센토 로디지아니Cento Lodigiani는 디즈니의 12가지 애니메이션 원리를 쉬운 입문용 애니메이션으로 각색했다(http://bkaprt.com/rdpp/05-13/). 텀블러에서 캡처한 이미지(http://bkaprt.com/rdpp/05-14/)

휘가 되었고 그들은 이 공통 어휘를 사용해 자신들의 작업물이 디즈니의 높은 기준에 부합하는지를 함께 논의할 수 있었다. 디즈니 스튜디오는 특정 애니메이션 테크닉을 무조건 따라하게 한다거나 제작 절차를 따를 것을 강조한다거나 하지 않고, 이 기본 원리들을 활용해 작업물의 품질을 논의하고 평가했다.

우리에게도 그런 대화가 필요하다.

지난 몇 년 동안 우리는 웹의 무한한 캔버스에 레이아웃을 어떻게 맞춰나갈 것인지를 배웠다. 사용자들은 우리가 만든 사이트를 언제든, 어떤 크기의 화면에서든 볼 수 있다. 반응형 디자인은 웹의 형태가 어떻게 변하더라도 그것을 담을 수 있게 해주는 하나의 접근법이다. 현재 직면하고 있는 그리고 앞으로 직면할 수밖에 없는 모든 과제 앞에서 단지 패턴만이 아니라 반응형 디자인을 위한 원리를 구축하기 시작해야 한다. 그 원리를 통해 단지 레이아웃만이

5장 무한한 그리드 디자인하기

아니라 작업물의 품질에도 초점을 맞출 수 있을 것이다.

만약 우리가 만든 반응형 인터페이스의 각 부분이 어느 정도 자체적으로 기능한다면, 즉 그것이 자체적인 레이아웃 규칙, 콘텐츠 요구 사항, 분기점 등을 가지고 있다면, 각 요소의 디자인 뒤에 어떤 코드가 있느냐는 더 이상 중요하지 않다. 그보다는 어떤 요소가 어떻게 그리고 왜 조정되어야 하는지를 세심하게 생각해보는 것이 훨씬 더 중요하다. 다르게 표현하자면 이렇다. 어떻게 하면 열과 행에 관해 생각하는 것을 넘어서서 반응형 디자인의 품질에 관한 이야기를 시작할 수 있을까? 그리고 그런 것을 지원할 수 있는 프레임워크는 어떤 것이어야 할까?

단어를 찾아서

솔직히 앞의 질문에 완벽한 답은 없다. 그러나 최근 들어 반응형 디자인이 언제 그리고 어떻게 조정되어야 할 것인지를 결정하기 위해 몇몇 디자이너와 단체가 그들이 사용하는 어휘를 공유하기 시작했다. 예를 들어 복스 미디어는 콘텐츠를 강물 속에 존재하는 것이라고 여긴다. 이들의 비유를 살려 표현하자면 콘텐츠의 흐름은 강물 속 어떤 지점에서는 막히기도 한다. 이들은 Vox.com의 메인 페이지를 다음과 같이 설명한다(http://bkaprt.com/rdpp/05-16/).

> 콘텐츠는 '바위'와 '방죽' 주위를 흘러간다. '바위'와 '방죽'은 '가장 댓글이 많은 기사' 목록이나 '인기 있는 동영상' 같은 모듈을 말한다. 이런 식의 콘텐츠 흐름 상당수가 Vox.com 메인 페이지에 적용한 새로운 레이아웃 시스템에도 고스란히 남아 있는데, 이전 시스템과 중요한 차이가 있다면 새로운 레이아웃 시스템에는 맥락이라는 층

이 더해졌다는 것이다. 강물 속에서 요소들이 배치될 때 복스 콘텐츠의 다양성은 더욱 빛을 발한다. 기사, 특집 기사, 동영상, 에디토리얼 앱sᵉᵈⁱᵗᵒʳⁱᵃˡ ᵃᵖᵖˢ, 카드 스택스ᶜᵃʳᵈ ˢᵗᵃᶜᵏˢ 등 각각의 콘텐츠는 그 유형과 인접 항목에 따라 다르게 표시된다.

이들이 레이아웃 품질을 이야기할 때 행이나 열을 중심으로 이야기하지 않는다는 것을 눈여겨보자. 그리드ᵍʳⁱᵈˢ도 언급하지 않는다. 복스팀의 디자인 프로세스는 콘텐츠에 우선순위를 매기는 것에서 시작해 그것이 이윽고 레이아웃으로 발전되어간다. 즉 강물 속을 흘러가는 각 콘텐츠의 무게와 중요성을 이해하는 것이 우선이다. 그리고 나서 알고리즘을 활용해 레이아웃 안에 있는 정보의 중요성을 가장 잘 반영한 반응형 레이아웃을 생성해낸다.

디자인 과정 처음부터 행과 열의 추상적인 시스템으로 시작하는 것은 이들에게는 옳지 않은 방법인 것이다. 그리고 웹디자이너 모두에게도 옳지 않은 것이라고 나는 감히 주장한다. 마크 볼턴에 따르면 사실 그리드 시스템에는 다음과 같은 근본적인 이점이 세 가지 있다(http://bkaprt.com/rdpp/05-17/).

- 그리드 시스템은 유대 관계ᶜᵒⁿⁿᵉᶜᵗᵉᵈⁿᵉˢˢ를 만들어낸다. 잘 만들어진 그리드는 서로 관련된 콘텐츠를 시각적으로 연결할 수 있다. 또한 서로 관련되지 않은 요소들을 분리할 수 있다는 점도 중요하다. 요컨대 그리드 시스템을 활용해 우리는 레이아웃에서 내러티브를 만들어낼 수 있다.
- 그리드 시스템은 기준점을 미리 정해놓기 때문에 디자이너가 레이아웃에 관한 문제를 해결하는 데 도움이 된다.
- 잘 디자인된 그리드 시스템은 독자의 눈이 따라갈 수 있는 시각적인 길을 제공한다. 독자는 시각적인 계층 구조를 더 잘 이해할 수 있다.

볼턴도 지적하지만 역사적으로 우리는 그리드 시스템을 만들어 낼 때 '캔버스로 들어오는canvas in' 방법을 채택했다. 디자이너들은 종이 가장자리에서부터 작업해나가면서 페이지를 행과 열의 시스템으로 분할하고 그렇게 만들어진 그리드 위에 이미지와 텍스트를 보기 좋으면서도 합리적인 방식으로 배치했다. 그러나 웹에는 그런 경계가 없다. 웹은 최초의 진정한 가변 디자인 매체다. 그래서 볼턴은 우리가 그리드를 디자인할 때 '콘텐츠에서부터 나아가는content out' 접근법을 채택해야 한다고 주장한다. 콘텐츠를 여러 개의 작은 모듈로 나눈 후, 그것을 토대로 더 복잡한 레이아웃 시스템을 만들어나가야 한다는 것이다. 그렇게 하기 위해 볼턴은 세 가지 원리를 제안한다.

- 콘텐츠에서부터 관계를 규정하자. 웹을 위한 그리드는 가상의 페이지 가장자리에 의해 규정되는 것이 아니라 콘텐츠에 의해 규정되어야 한다.
- 고정된 치수를 쓰지 말고 비율이나 관계형 치수를 사용하자.
- 콘텐츠를 기기에 연동시키자. CSS 미디어 쿼리와 반응형 웹디자인 같은 기법을 사용해 뷰포트에 반응하는 레이아웃을 만들자.

콘텐츠의 형태를 이해하면 유대 관계를 형성할 수 있는 가변 레이아웃을 만들어낼 수 있다. 단지 관련된 정보끼리의 유대 관계만이 아니라 레이아웃과 기기 사이의 유대 관계도 형성할 수 있다. 화면 수가 점점 늘어나고 있는 오늘날, 우리는 수많은 화면에 꼭 맞는 데 그치지 않고 어떤 화면에서 보아도 마치 처음부터 그 화면을 위해 만들어진 듯한 느낌을 줄 수 있는 그런 반응형 그리드 시스템을 만들고자 한다.

경계선을 찾아서

아무리 원리가 훌륭하다 해도 그 원리를 실행할 수 있는 수단을 찾아내지 못하면 아무 소용이 없다. 그런 이상을 실제적인 반응형 패턴과 레이아웃으로 바꿔줄 방법을 찾아야 한다. 내가 생각하기로는 '콘텐츠에서부터 나아가는' 접근법의 출발점은 콘텐츠의 가장 작은 버전을 살펴보는 것이다. 그다음 그 요소의 크기를 확대시키되, 경계선이 보이면서도 본래 형태를 잃어버리기 시작할 때까지 확대해나간다. 경계선이 보이면서도 본래 형태를 잃어버리기 시작하는 때가 변화를 줄 수 있는 기회다. 바로 그때가 그 요소의 고유한 성질은 유지하면서 그 형태를 다시 잡을 수 있는 분기점을 선정할 수 있는 기회가 되는 것이다. 하지만 우선 요소의 경계선을 찾는 방법을 알아야 한다. 요소가 그 형태를 잃어버린다는 것이 어떤 것인지 이해할 수 있어야 한다. 그러자면 먼저 요소가 지닌 너비, 계층 구조hierarchy, 상호작용, 밀도density의 특징부터 살펴봐야 한다.

너비

너비는 따로 설명할 필요가 없다. 뷰포트의 너비가 바뀌면 반응형 디자인의 너비도 바뀐다. 디자인이 더 넓어지거나 좁아지면 그 안에 있는 요소들도 너비가 더 늘어나거나 줄어든다. 그래서 그 모듈들이 확대되거나 축소될 때 분기점을 추가할 기회가 나타날 수 있다(그림 5.14).

계층 구조

분명히 동의하겠지만 너비는 반응형 디자인에서 가장 흔하게 쓰이는 특징이다. 하지만 그것만 있는 것이 아니다. 어떤 요소의 형태가

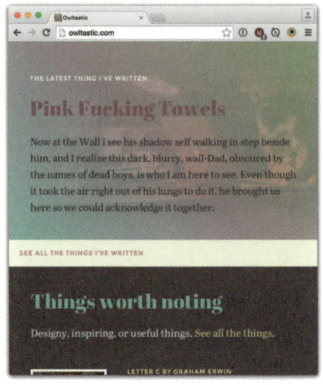

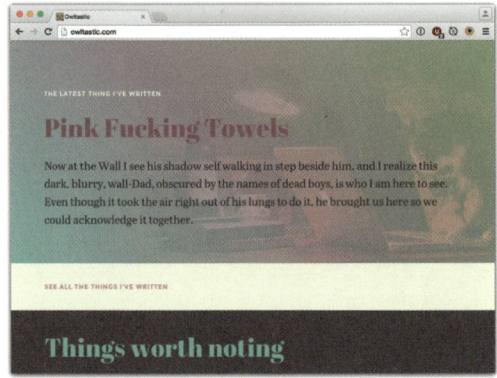

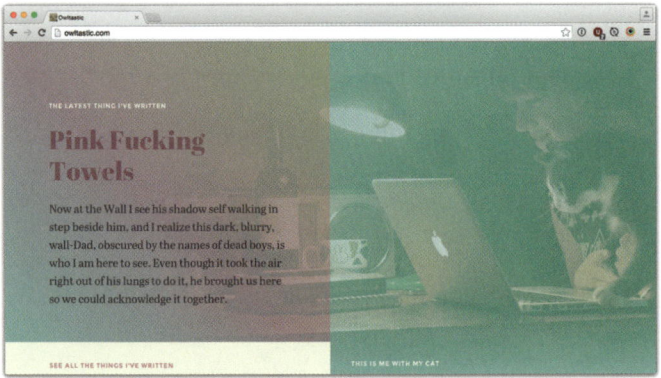

그림 5.14 미건 피셔Meagan Fisher의 아름다운 반응형 포트폴리오. 어떤 요소들은 너비가 확대되고 축소될 때 그 레이아웃만이 아니라 타이포그래피 역시 조정된다(http://bkaprt.com/rdpp/05-18/).

바뀔 때 요소들의 계층 구조 또한 바뀌어야 할 수 있다.

태틀리Tattly의 반응형 쇼핑몰 사이트(http://bkaprt.com/rdpp/05-19/)에서 제품 페이지를 잠깐 살펴보자. 어느 정도 넓은 화면에서 보면 주요 콘텐츠 영역에는 두 가지 핵심 정보가 있다. 하나는 왼쪽에 있는 제품 사진이고 또 하나는 오른쪽에 있는 제품 구매 액션 요소다(그림 5.15). 하지만 이와 같은 레이아웃은 태틀리 사이트 디자인이 지닌 여러 뷰 중 하나일 뿐이다. 화면이 좁아지면 여러 개의 열을 나란히 놓을 자리가 없어지기 때문이다. 그때 계층 구조에 관한 질문이 던져진다. 하나의 열로만 구성된 레이아웃에서는 어느 콘텐츠가 먼저 나타나야 하는가? 태틀리의 선택은 제품 사진이 먼저 나타나게 하는 것이었다. 태틀리의 선택이 옳아 보이지만 여러분은 각자 자신의 사이트에서 계층 구조에 대한 답을 다르게 할 수 있다(그림 5.16).

계층 구조를 고민하며 디자인에서 수직에 대해 더 의식하게 되기도 한다. 우리에게는 `min-width`와 `max-width` 미디어 쿼리가 있지만 `min-height`와 `max-height` 쿼리를 더 자주 쓰게 될 수도 있다. 필드박물관Field Museum(http://bkaprt.com/rdpp/05-20/)의 내비게이션 메뉴는 수직 레이아웃과 수평 레이아웃이 아름다운 균형을 이루고 있다(그림 5.17). 넓은 화면에서 내비게이션은 디자인의 왼쪽 모서리에 위치하여 뷰포트 높이 전체에 걸쳐 있다. 가변적으로 변하는 박스 모델인 플렉스박스flexbox가 여기에 사용되고 있다는 것을 여러분도 눈치챘을지 모르겠다. CSS 레이아웃 고급 기술인 플렉스박스는 우리도 이 장 뒷부분에서 살펴볼 것이다(http://bkaprt.com/rdpp/05-21/). 플렉스박스를 사용하면 요소들이 사용 가능한 공간 전체를 자동으로 채우기 때문에, 메뉴가 위아래로 더 길어지거나 짧아질 경우 내비게이션 요소들도 수직으로 크기를 변경한다. 그러나 특정 너비 혹은 특정 높이 이하에서는 메뉴가 페이지 상단에 위치한다.

그림 5.15 태틀리의 반응형 쇼핑몰 사이트. 어느 정도 넓은 화면에서 제품 콘텐츠는 보기 좋은 2열 그리드에 배치되어 있다.

그림 5.16 좁은 뷰포트에서는 제품 정보의 계층 구조가 2열에서 1열로 변경된다.

필드박물관은 내비게이션의 수직적 측면에도 신경을 써서 내비게이션 메뉴 내부에 있는 콘텐츠가 결코 감추어지거나 불분명해지거나 잘리는 일이 없도록 하는 새로운 레이아웃을 내놓았다. 다른 말로 표현하자면, 반응형 디자인에서 선정하는 분기점은 기기 화면의 모양에 따라 일률적으로 결정되는 것이 아니다. 콘텐츠의 고유한 본성을 지켜주는 것은 우리가 설정하는 미디어 쿼리다.

상호작용

우리가 어떤 요소와 상호작용하는 방식도 디자인과 함께 바뀔 수 있다. 이것을 보여주는 극명한 예가 바로 반응형 내비게이션 시스템이다. 2장에서 살펴보았듯이, 넓은 분기점에서는 메뉴가 완전히 다 표시되지만 좁은 분기점에서는 공간이 부족해 메뉴가 토글 아

그림 5.17 필드박물관의 반응형 내비게이션은 디자인의 세로 길이 전체를 차지한다. 특정 세로 길이 이하에서는 잘리는 것을 방지하기 위해 내비게이션이 화면 상단으로 이동한다.

이콘 혹은 링크 뒤로 감추어진다(그림 5.18).

상호작용의 변화가 필요한 콘텐츠는 내비게이션뿐만이 아니다. 한 예로 'SB 네이션 SB Nation'이 디자인한 반응형 스포츠 대진표를 한번 보자(http://bkaprt.com/rdpp/05-23/). 넓은 분기점에서는 복잡한 차트처럼 보이는 대진표가 좁은 화면에서는 더 단순하게 늘어선 모습으로 보인다(그림 5.19). 레이아웃이 더 단순해지는 것과 함께 대진표도 캐러셀 형태로 나타난다. 크게 4개 지역으로 나뉜 대진표에서 각 지역이 캐러셀의 슬라이드 1개씩을 차지하고 있어, 사용자는 캐러셀을 돌아보며 정보를 찾을 수 있다. 이 두 가지 형태의 비주얼에서 정보는 동일하지만 상호작용 모델은 변경된다.

밀도

마지막으로, 어떤 요소 안에서 우리가 보여주는 정보의 양도 분기점에 따라 변경될 수 있다. 다른 말로 하자면 정보의 밀도가 바뀔 수도 있다는 것이다. 2015년 《가디언》이 아카데미상 시상식을 특집으로 다룬 기사가 좋은 예다. 이 특집기사는 반응형으로 디자인된

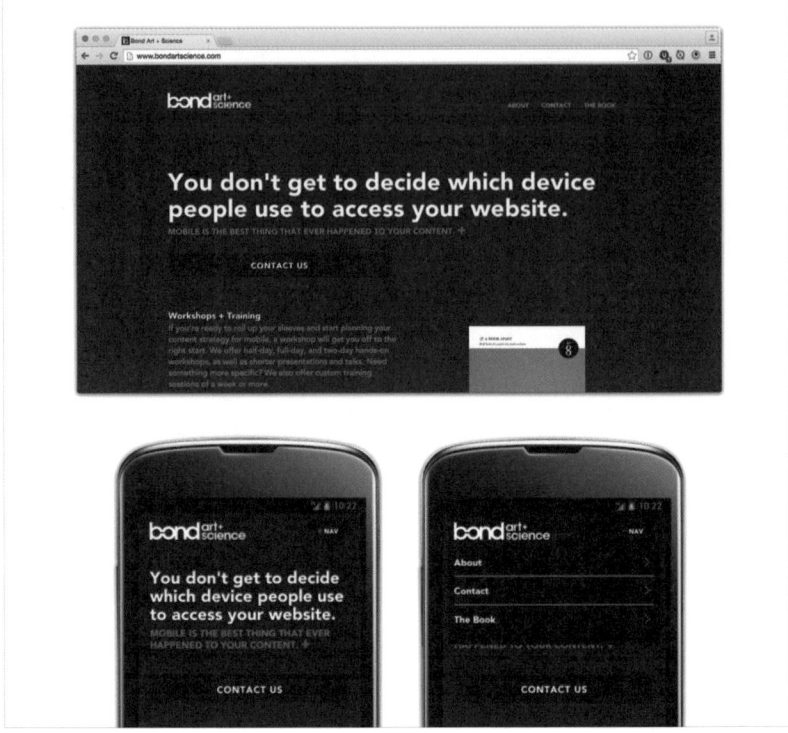

그림 5.18 캐런 맥그레인Karen McGrane의 회사 사이트 내비게이션은 넓은 분기점에서는 전통적인 형태를 보이지만 좁은 뷰포트에서는 사용자 토글을 통해 메뉴가 나타나거나 사라진다. 제공되는 링크는 동일하지만 상호작용 모델은 변경된다(http://bkaprt.com/rdpp/05-22/).

타임라인이 상당량의 영화 데이터를 보여준다. 특정 너비 이상의 화면에서는 섬네일 이미지들이 로드되어 타임라인의 시각적 밀도와 정보의 밀도를 조금 증가시킨다(그림 5.20).

 짐작했겠지만 밀도는 매우 신중하게 접근해야 하는 영역이다. 앞에서도 논의했지만 화면에 맞지 않는다는 이유로 정보를 없애거나 숨기는 것은 문제가 될 수도 있다(그림 5.21). 개인적으로《가디언》의 타임라인이 동작하는 방식은 적절하다고 본다. 넓은 분기점에서 보

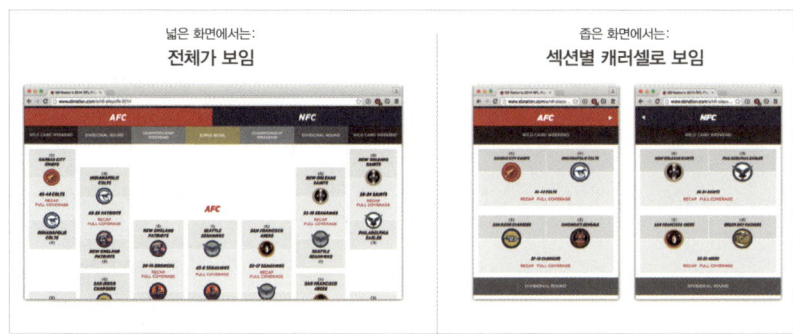

그림 5.19 스포츠는 잘 모르지만 SB 네이션의 반응형 대진표는 참 좋아한다. 넓은 화면에서는 복잡한 차트가 나타나지만 좁은 뷰포트에서는 경기 대진표가 캐러셀로 나타난다. 정보는 동일하지만 상호작용은 달라진다.

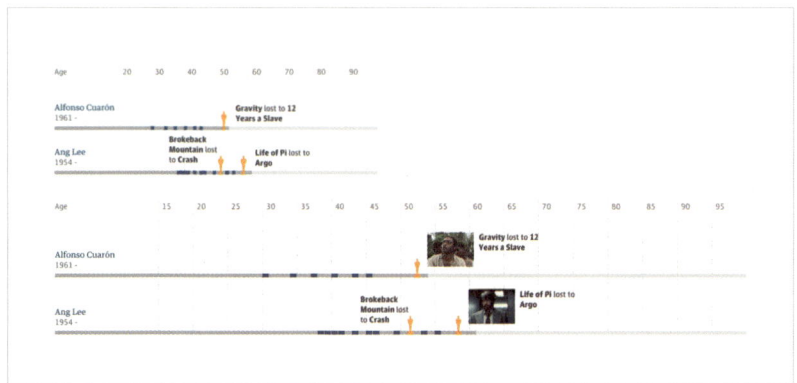

그림 5.20 《가디언》의 반응형 타임라인은 특정 너비 이상의 화면에서는 추가 이미지를 보여주면서 밀도가 서서히 증가한다(http://bkaprt.com/rdpp/05-24/).

이는 섬네일 이미지들은 그 주변에 있는 정보를 이해하는 데 필수적인 요소가 아니며 단지 기능 향상의 역할만을 하기 때문이다. 혹시 그 섬네일 이미지들이 모든 분기점에서 보이도록 디자인할 수도 있었을까? 그렇게 할 수도 있었을 것이다. 어쨌든 나는 이 사례가 콘텐츠 접근성을 떨어뜨리지 않으면서도 관련성이 부족한 정보를

그림 5.21 태틀리는 좁은 화면에서 내비게이션을 주요 섹션 목록으로 줄이면서 하위 메뉴를 완전히 감추어버린다.

제거해, 디자인의 시각적 측면을 가볍게 하는 데 밀도가 활용된 아주 좋은 예라고 생각한다.

경계선의 형태: 클래스를 넘어서

너비, 계층 구조, 상호작용, 밀도 등 네 가지 특징을 잘 활용하면 자그마한 개별 레이아웃 시스템들이 어느 한계까지 확대될 수 있는지 확인할 수 있다. 하지만 여기에 다른 개념도 얼마든지 더할 수 있다. 최근에 디자이너 네이선 포드Nathan Ford는 요소들 간의 관계가 언제 무너지기 시작하는지 확인하는 데 쓸 수 있는 유용한 패턴 몇 가지를 제시했다. 포드가 예로 들고 있는 패턴은 '세븐Sevens', '드리프트drifts', '핀치pinches' 등의 레이아웃 안티패턴이다(그림 5.22). 하지만 레이아웃에서 경계선을 찾는 방법과 별도로 마크업에서 클래스를 사용하는 수준을 한 차원 끌어올린다면 더욱 가변적인 레이아웃을 만들어낼 수 있을 것이다.

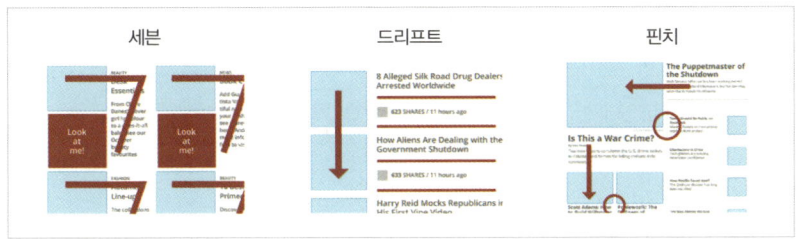

그림 5.22 세븐, 드리프트, 핀치…… 이런! 네이선 포드는 디자인의 격을 떨어뜨릴 수 있는 안티패턴 몇 가지를 제시한다(http://bkaprt.com/rdpp/05-25/).[5]

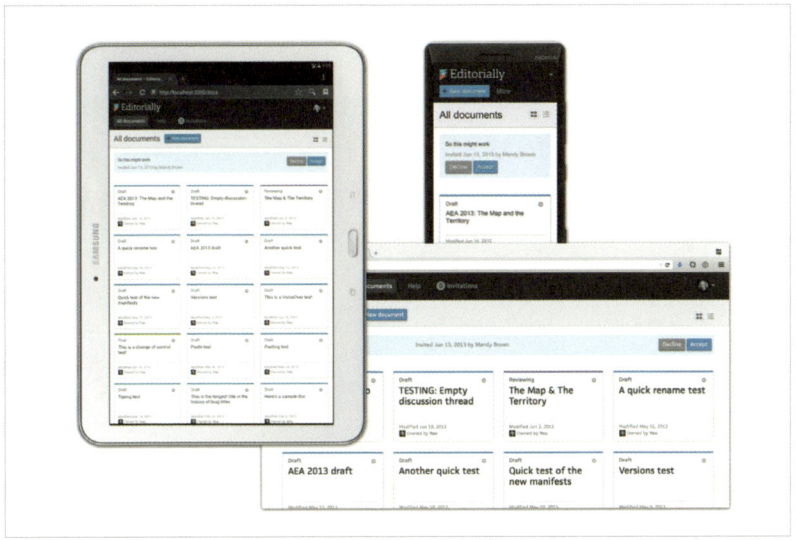

그림 5.23 콘텐츠가 주도하는 분기점을 만들어내기 위해 에디토리얼리 대시보드에는 자체 제작한 경량 프레임워크가 사용되었다.

---

5 '세븐'은 너비가 줄어들 때 이미지는 축소되지만 그 옆의 텍스트는 아래로 길게 흘러 이미지와 텍스트가 7자 모양을 만드는 패턴이다. '드리프트'는 관련된 콘텐츠 사이의 거리가 너무 벌어져 각자 따로 흘러가는 모양을 만드는 패턴이다. 반대로 '핀치'는 관련 없는 콘텐츠 사이의 거리가 너무 가까워서 본래의 관계가 파괴되고 사용자가 콘텐츠의 관계를 잘못 파악하게 되는 패턴이다.

'에디토리얼리Editorially'는 작가와 편집자를 위해 내가 공동으로 설립한 웹 서비스였다(슬프게도 지금은 운영되지 않는다). 그 사이트의 인터페이스에서 가장 복잡한 부분을 처리하기 위해 우리 팀은 자체 제작한 레이아웃 프레임워크를 사용했다. 가장 좋은 예가 대시보드다. 대시보드에는 사용자가 소유하고 공유한 문서 목록이 나타난다(그림 5.23). 이 대시보드를 구축하는 팀에 속해 있던 나는 소형 화면에 친화적인 레이아웃부터 먼저 만들기 시작했다. 계층 구조가 있는 1열 그리드에 일련의 해야 할 일 목록과 콘텐츠가 수직으로 나열되어 있는 레이아웃이었다(그림 5.24).

'모바일 친화적' 레이아웃을 토대로 삼는다는 것은 반응형 레이아웃이 책임감 있게 만들어지고 있다는 것을 알려주는 표식이다. 하지만 1열은 시작일 뿐이다. 대시보드의 너비가 31em에 도달하면 대시보드는 간결한 CSS를 사용해 2열 레이아웃으로 변경된다(그림 5.25).

```
@media screen and (min-width: 31em) {
  /* 너비를 설정한다. */
  .doc-cell {
    float: left;
    width: 47.602739726027397260%;
    /* 278px / 584px */
  }
  /* 새로운 레이아웃을 구축한다. */
  .doc-cell:nth-child(2n) {
    margin-right: 0;
  }
  .doc-cell:nth-child(2n+1) {
    clear: left;
  }
}
```

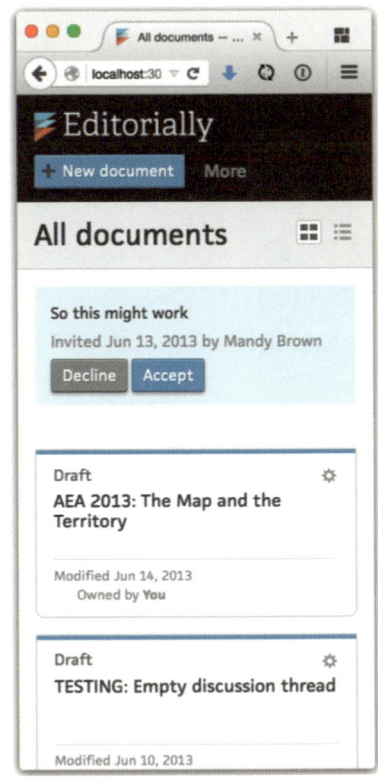

그림 5.24 에디토리얼리 레이아웃의 토대는 1열 그리드다.

잠깐, 지금 무슨 일이 일어났는가? 고작 선택자 3개로 새로운 그리드 레이아웃이 뚝딱 나온 것인가? 그렇다, 그것이 다 `:nth-child()` 가상 클래스 덕분이다. 만약 CSS 프레임워크를 사용하면 HTML의 클래스들이 레이아웃을 서술하게 된다. 그런 CSS 프레임워크에 의존하는 대신 `:nth-child()`를 쓰면 디자인의 특정 요소들을 문서 구조 안에서의 위치를 바탕으로 콕 집어낼 수가 있다. 예를 들어 `.doc-cell:nth-child(4)`라고 작성하면 CSS는 나열된 `.doc-cell` 요소 중 네 번째 요소(`.doc-cell` 요소들의 부모 입장에서 네 번째 자식)를 선택한다.

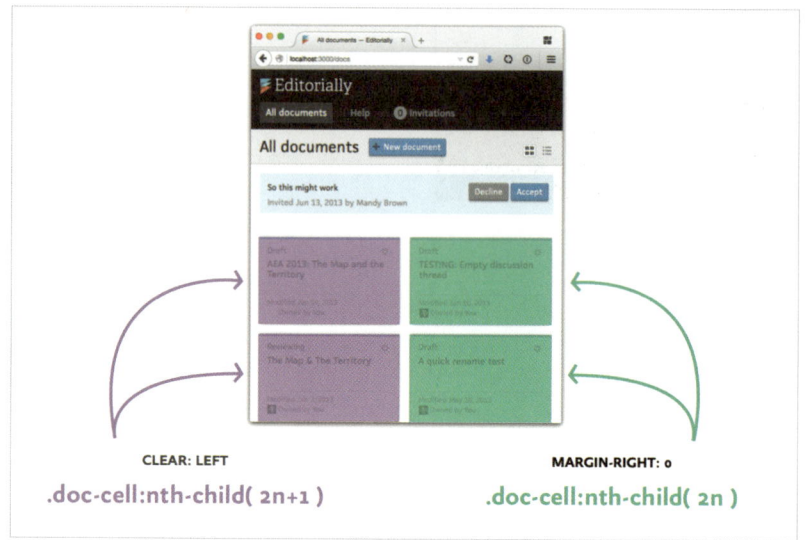

그림 5.25 :nth-child()가 살짝 마법을 부리면 순식간에 2열 레이아웃을 만들어낼 수 있다.

```
<div class="doc-grid">
  <div class="doc-cell">...</div>
  <div class="doc-cell">...</div>
  <div class="doc-cell">...</div>
  <div class="doc-cell">...</div>
  <div class="doc-cell">...</div>
</div>
```

마찬가지로 만약 .doc-cell:nth-child(2)라고 작성하면 .doc-cell 요소 중에서 .doc-grid 요소(부모)의 두 번째 자식 요소가 선택된다.

```
<div class="doc-grid">
  <div class="doc-cell">...</div>
  <div class="doc-cell">...</div>
  <div class="doc-cell">...</div>
  <div class="doc-cell">...</div>
```

```
    <div class="doc-cell">...</div>
</div>
```

어려울 것 없다. 그렇지 않은가? 그런데 `:nth-child()` 안에 `n`이 나타나면 상황이 정말 재미있어진다. `:nth-child()` 안의 `n`은 수를 하나씩 올리는 카운터처럼 동작한다. 즉 `n`값은 0부터 시작해서 1씩 올라간다. 그래서 `:nth-child(2n)`은 간단한 곱셈이 된다. `n`값을 `n` 옆에 붙어 있는 수와 곱하고 그다음에 `n`에 1을 더해 또 곱하는 식으로 반복한다.

```
2 × 0 = 0
2 × 1 = 2
2 × 2 = 4
2 × 3 = 6
...
```

앞의 CSS에서 `.doc-cell:nth-child(2n)`은 그리드에 있는 모든 짝수 번째 셀을 즉각 선택한다. 그리드 안에 셀이 20개 있든 2만 개 있든 상관없이 짝수 번째 셀만 선택한다. 그렇게 선택한 모든 짝수 번째 셀에 `margin-right: 0;`을 적용하면 2열 그리드에서 행마다 두 번째에 있는 모든 셀이 디자인의 오른쪽에 마진 없이 딱 붙어 정렬된다.

한편 `.doc-cell:nth-child(2n+1)`은 `+1` 때문에 0이 아니라 1부터 시작해 결국 모든 홀수 번째 셀을 선택한다. 수학적 표현은 다음과 같다.

```
(2 × 0) + 1 = 1
(2 × 1) + 1 = 3
(2 × 2) + 1 = 5
(2 × 3) + 1 = 7
...
```

그래서 `.doc-cell:nth-child(2n+1)`로 선택한 모든 홀수 번째 셀에 `clear: left`를 설정하면, 각 행마다 문서가 2개씩 짝을 이루어 멋지게 나열된다(그림 5.25).[6]

지금 마크업에서 클래스를 사용하는 것이 아니라 `:nth-child()`를 사용하고 있으므로 분기점마다 그리드 레이아웃을 신속하고 극적으로 바꿀 수 있다. 예를 들어 대시보드 뷰포트가 조금 더 넓어지면 44em 분기점에서 3열 레이아웃을 도입할 수도 있다(그림 5.26).

```css
/* 3열 */
@media screen and (min-width: 44em) {
  /* 새로운 너비를 설정한다. */
  .doc-cell,
  .doc-cell:nth-child(n) {
    margin-right: 3.043968432919954904%;   /* 27px /
887px (시안에 따른 비율) */
    width: 31.003382187147688838%;
      /* 278px / 887px (시안에 따른 비율) */
  }
  /* 이전 분기점에서 설정된 clear를 리셋한다. */
  .doc-cell:nth-child(n) {
    clear: none;
  }
  /* 새로운 레이아웃을 구축한다. */
  .doc-cell:nth-child(3n) {
    margin-right: 0;
  }
  .doc-cell:nth-child(3n+1) {
    clear: left;
  }
}
```

6 모든 셀은 `float: left`의 영향으로 앞 블록을 따라가 왼쪽으로 붙지만, 그중 홀수 번째 셀은 전부 `clear: left`가 적용되면서 `float: left`의 영향에서 벗어나 줄바꿈하게 된다.

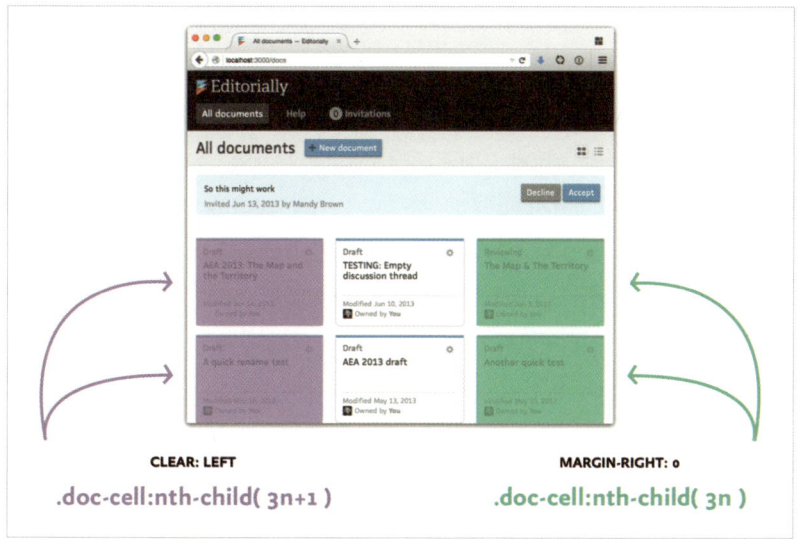

그림 5.26 분기점마다 그리드 레이아웃이 추가된다. 이번에는 `:nth-child(3n)`을 활용한 3열 레이아웃이다.

이 미디어 쿼리는 조금 복잡해 보이지만 앞서 2열 레이아웃에서 거쳤던 과정이 그대로 반복될 뿐이다.

1. 그리드 안에 있는 `doc-cell` 요소에 가변 너비와 마진이 새롭게 할당된다.
2. `:nth-child(n)`을 사용해 이전 분기점에서 상속된 스타일을 얼른 리셋한다(예제에서는 각 행의 시작 지점에 적용된 `clear: left;`를 제거하고 있다).
3. 그다음 `:nth-child(3n)`을 사용해 모든 행에서 세 번째 셀의 오른쪽 마진을 제거한다.
4. 마지막으로 `:nth-child(3n+1)`을 사용해, 3열로 구성된 모든 행의 첫 번째 셀이 이전 요소에 붙지 않도록 `clear: left`를 적용

해 줄바꿈한다.

이제 예제의 대시보드 디자인이 어떤 방향으로 나아갈지 짐작이 갈 것이다. 에디토리얼리의 대시보드는 1열 그리드에서 2열, 3열을 거쳐 계속해서 증가해 최종으로 6열 레이아웃에 도달한다(그림 5.27). 현실적으로 디자인에 쏟아부은 시간과 자원 외에 어떤 것도 우리를 제약할 수 없었다. 레이아웃 로직을 마크업에서 꺼내어 CSS에 넣었더니 무한한 가변성이 주어졌다(그림 5.28).

고맙게도 `:nth-child()`만 있는 것이 아니다. CSS 명세에는 `nth-child()`처럼 날렵한 레이아웃 도구들이 한 트럭은 있다. 요소들을 수평 혹은 수직으로 쌓는 플렉스박스는 유명한 도구 중 하나다. 프랭크 키메로 블로그의 마스트헤드가 플렉스박스를 활용한 멋진 예다. 헤더에 `display: flex`를 설정하면 헤더 안에 있는 두 요소, 즉 내비게이션과 로고가 즉각 수평으로 배치되고 각각 하나의 열이 되어 그 행의 너비 전체를 점유한다(그림 5.29).

혹시 키메로가 마음을 바꾼다면 그 두 요소의 순서를 뒤바꿀 수도 있다. 그때도 마크업에는 손댈 필요 없이 마스트헤드에 `flex-direction: row-reverse`를 추가해주면 된다(그림 5.30). 그러면 마치 중력이 뒤바뀌는 것처럼 작용한다. 두 요소는 여전히 한 줄에 배치되어 있지만 순서는 순식간에 뒤바뀐다.

이처럼 더 가벼운 레이아웃 모델들은 엄청난 인기를 얻으며 여러 반응형 디자인에 사용되었다(그림 5.31). 플렉스박스와 `nth-child()`가 가변적이긴 하지만 단점이 없는 것은 아니다. 제이크 아치볼드가 지적하듯이 플렉스박스는 소규모 레이아웃에는 이상적이지만 페이지 전체를 덮는 수준의 그리드에 사용된다면 페이지 렌더링에 부정적인 영향을 줄 수 있다(http://bkaprt.com/rdpp/05-30/). 그뿐만 아니라 이 속성들 중 일부는 구형 브라우저에서 동작하지 않을 수

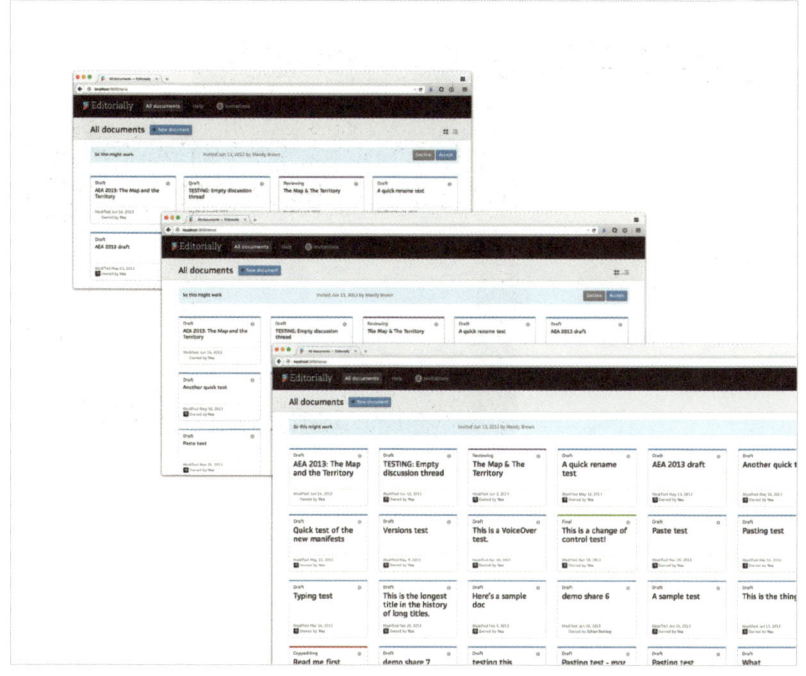

그림 5.27 거칠 것이 없다. 가벼운 마크업과 강력한 CSS 덕분에 반응형 그리드는 4열에서 5열로 최종적으로는 6열 레이아웃으로 나아갈 수 있다(이론적으로는 그 이상도 가능하다).

그림 5.28 반응형 디자인의 팟캐스트 사이트 페이지에도 비슷한 :nth-child() 기반의 레이아웃 프레임워크가 사용된다(http://bkaprt.com/rdpp/05-26/).

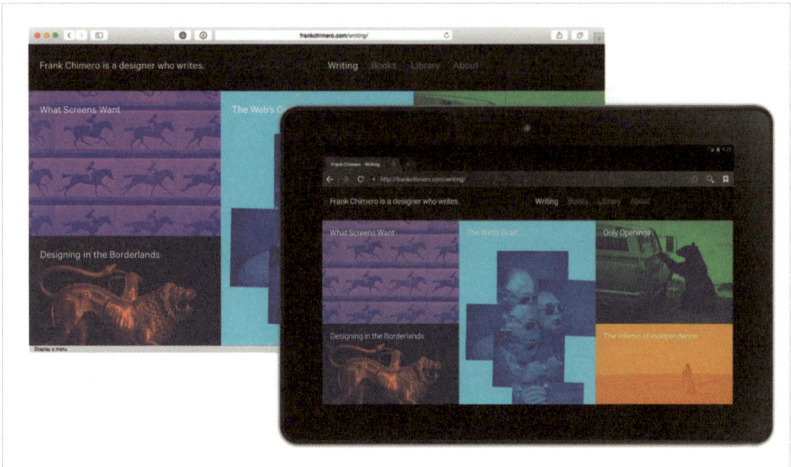

그림 5.29 프랭크 키메로의 아름다운 반응형 사이트. 레이아웃에 플렉스박스가 조금 사용되었다.

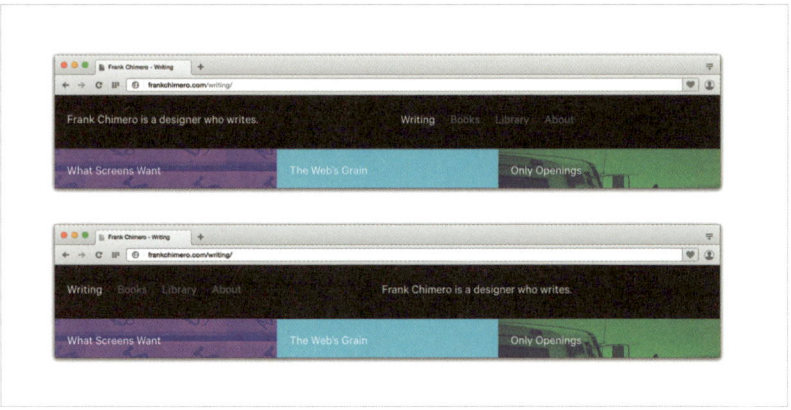

그림 5.30 플렉스박스에서 flex-direction을 바꾸면 그 박스 안에 있는 요소들의 방향을 순식간에 반전시킬 수 있다.

그림 5.31 구글 크롬의 플랫폼 레퍼런스 사이트(http://bkaprt.com/rdpp/05-27/), '컨버지SE^{ConvergeSE}' 콘퍼런스 사이트(http://bkaprt.com/rdpp/05-28/), 《가디언》 사이트(http://bkaprt.com/rdpp/05-29/). 다양한 기기를 지원하는 레이아웃에 플렉스박스가 멋지게 적용된 좋은 사례들이다.

도 있다. `nth-child()`는 IE 8 및 그 이하 버전에서는 지원되지 않으며 `display: flex`는 IE 9 및 그 이하 버전에서 전혀 동작하지 않을 것이다.

그런 단점들을 항상 염두에 두고 또 몇몇 브라우저에 적절한 폴백을 잘 설계해놓는다면, 이 가벼운 레이아웃 도구들을 활용해 사실상 무한한 가능성을 지닌 그리드 시스템을 디자인할 수 있다. 특정 기기 중심의 분기점을 설정하지 않고 요소들의 경계선 위치에 따라 레이아웃 시스템을 조절한다면, 더욱 견실하고 미래 지향적인 레이아웃을 만들어낼 수 있을 것이다. 즉 우리가 아직 상상해본 적도 없는 기기와 브라우저도 더 잘 대비할 수 있을 것이다.

내부의 경계선

그런데 정말 어려운 문제다. 그렇지 않은가? 이미 데스크톱에서 벗어나 먼 길을 왔는데도 우리는 아직도 디자인하고 있는 것의 범위 그리고 디자인하고 있는 것이 나타날 환경의 범위를 아우르는 정확한 단어를 찾지 못했다. 내가 반응형 프로젝트를 할 때마다 가장 자주 듣는 '모바일', '태블릿', '데스크톱' 등의 세 단어는 그다지 도움이 되지 않는다. 이 세 단어가 그렇게 나쁜 것은 아니지만 너무 단편적인 데다가 우리가 해결해야 할 디자인 과제를 모호하게 만들 때가 많다.

쉬운 예로 동료에게 모바일이 무엇을 의미하는지를 한번 물어보자. 누구에게 물어보느냐에 따라 다르겠지만 대체로 작고 화면을 터치할 수 있는 기기며, 조금 느린 무선 네트워크를 사용해 웹에 접근한다는 식의 답이 나올 수 있다. 하지만 만약 사용자의 기기가 와이파이에 연결되어 있다면 어떨까? 한편 데스크톱에 관해 물어보면 화면이 넓은 기기로 마우스 혹은 트랙패드 등의 보조 도구가 딸려 있다는 등의 답을 들을 수 있을 것이다. 만약 노트북이 스마트폰의 3G에 테더링되어 있다면 어떨까? 또 노트북도 터치 인터페이스가 가능하다고 한다면?

요컨대 현재 상황을 단지 디자인의 대상이 되는 기기 종류가 더 늘어나고 있는 상황이라고 단순하게 정의해서는 안 된다는 것이다. 오히려 모바일, 태블릿, 데스크톱 사이의 경계는 흐려지고 있다. 소형 태블릿만 한 크기의 스마트폰도 있고, 반대로 스마트폰만 한 크기의 태블릿도 있다. 우리가 만드는 사이트가 스마트폰과 화면 크기가 거의 비슷한 스마트 워치에서 표시될 수도 있다(그림 5.32). 참, 요즘에는 대시보드에 브라우저가 내장된 자동차도 있다(그림 5.33).

이런 이유 때문에 기기 종류보다 환경적 특성을 이야기하는 것이 도움이 된다고 생각한다. 실제로 나는 고객과 이야기를 나눌 때 반응형 디자인이 몇 가지 다양한 범주에 걸쳐 어떤 식으로 성능을 보일지에 관해 이야기할 때가 많다. 그때 논의의 대상이 되는 범주

그림 5.32 손목 위에서 반응한다. GOV.UK의 멋진 반응형 사이트가 '모토 360[Moto 360]' 스마트워치에 표시된 모습이다. 애나 데브넘의 허가를 얻어 캡처한 스크린이다.

그림 5.33 휴대폰하면서 운전하면 큰일 난다! 테슬라[Tesla] 전기차 '모델 S'의 터치스크린에는 웹키트 기반 브라우저가 내장되어 있다. 크리스 마틴[Chris Martin]의 사진(http://bkaprt.com/rdpp/05-31/)

는 대체로 입력 방법, 화면 크기, 네트워크 속도, 네트워크 상태 등이다(그림 5.34).

물론 이것이 완벽한 목록은 아니다. 만약 애니메이션이 많은 프로젝트라면 다양한 기기의 그래픽 프로세서 품질에 관한 부분이 필요할 수 있고 또 네트워크 면에서도 더 상세한 분류가 필요할 수 있다. 그리고 입력 방법에 관한 내 분류는 너무 간단하다. 우리는 제스처 인터페이스, TV 리모컨이나 콘솔 컨트롤러 같은 지향성 패드 기기, 혹은 스타일러스 펜 사용이 가능한 화면 등을 위한 디자인을 할 수도 있으니까 말이다.

그래도 이와 같은 표를 만들면 레이아웃이나 화면 크기에 관한 논의를 사용자 네트워크의 품질 혹은 사용자가 기기와 상호작용할 때 쓰는 입력 방법 등에 대한 논의로부터 분리하는 데 도움이 된다. 그렇게 논의를 서로 분리할 수 있게 되면, 넓은 화면 기기는 전부 마우스를 사용할 것이라든가 작은 화면 기기는 전부 다 끊김이 많은 3G에 연결되어 있을 것이라는 섣부른 가정을 경계할 수 있다.

이 책의 많은 부분에서 페이지를 여러 컴포넌트 부분으로 잘게 나누는 것에 관해 살펴보았다. 소형 레이아웃 시스템들이 어떻게 조절되어야 하는지 이해하고, 잘게 나눈 모듈들을 사용해 점진적으로 더 복잡한 반응형 레이아웃 시스템을 구축하는 것을 살펴보았다. 레이아웃이 더 가변적이고 기기에 구애되지 않게 될수록, 반응형 디자인을 이야기할 때 사용하는 언어도 그런 흐름을 따라가야 할 것이다. 무수히 많은 네트워크 상태의 분류, 입력 방법, 화면 크기 등 반응형 디자인이 놓이게 되는 조건들을 설명할 때 레이아웃 시스템만큼이나 민첩하고 모듈화된 디자인 언어가 필요하기 때문이다.

어떤 면에서 이런 과제들은 새로운 것이 아니다. 우리는 어느 정

입력 방법	터치	키보드/ 마우스	혼합형	음성	조이스틱/ 아날로그
화면 크기	소형	중형	대형		
네트워크 속도	느림 (EDGE/ GPRS)	중간(3G)	빠름		
네트워크 상태	주로 오프라인	대기 시간이 길고, 끊김 현상 발생	신뢰할 수 있고, 안정적		

그림 5.34 다양한 기기 종류를 논의하는 것보다 우리가 만드는 반응형 디자인에 영향을 끼칠 수 있는 구체적인 환경적 특성과 조건 등에 초점을 맞추는 편이 더 도움이 된다.

도 시간을 들여 이 숲속을 걸어온 한편 아직 가야할 길도 상당히 남아 있다고 할 수 있다. 앞으로 계속 걸어가면서도 주위에 항상 나무들이 있을 것이라는 사실을 명심해야 한다. 또한 그럼에도 우리는 어떻게 해서든 아름답고 민첩한 반응형 디자인을 구축해낼 것이다.

그럼 시작해보자.

감사의 글

언제나 그랬듯이 어 북 어파트에 진심으로 감사를 표한다. 케이틀 르두, 제프리 젤드먼, 제이슨 산타 마리아는 정말 멋지고 큰 힘이 되어주는 사람들이다. 이들이 그동안 펴낸 훌륭한 책들 사이에 이 책이 함께할 수 있게 되어 영광이다.

당연히 나는 이 책을 쓰는 일이 정말 즐거웠지만 에린 키산이 편집을 맡아주기로 했을 때는 정말 황홀할 지경이었다. '오픈뉴스'에서의 작업은 두말할 것도 없고 에린은 내가 아는 가장 뛰어난 작가, 편집자 가운데 한 명이다. 에린은 정말 복잡한 문장도 명쾌하게 풀어내는 독보적인 재능을 지녔으며 저자의 어리석은 질문에도 언제나 재치 있고 우아하며 참을성 있게 답해준다. 만약 이 책을 즐겁게 읽었다면 그것은 다 에린의 솜씨 덕분이다.

많은 사람이 맨디 브라운을 작가로, 뛰어난 디자이너로, 제품 디자인 및 출판 분야의 베테랑으로 알고 있다. 그러나 반응형 디자인이 세상에 퍼져나가는 데 맨디가 큰 역할을 했다는 사실을 알고 있는 사람은 거의 없을 것이다. 맨디는 내가 반응형 디자인에 관해 처음 발표한 것을 보고 내게 《어 리스트 어파트》에 글을 써달라고 요청했다. 그리고 1~2년 후에 내가 처음으로 혼자 쓴 책 《반응형 웹 디자인》을 편집하고 출판해주었다. 그래서 맨디가 이 책의 서문을 쓰는 것에 동의했을 때 나는 그야말로 뛸 듯이 기뻤다.

그동안 많은 편집자와 일할 수 있는 영광을 누렸지만 애나 데브넘 뛰어난 능력을 지닌 사람 가운데 한 명이다. 애나가 주는 피드백은 어느 하나 할 것 없이 훌륭하고 도전 의식을 불러일으켰으며 통찰력이 있었다. 애나의 지칠 줄 모르는 노력 덕분에 책이 훨씬 더 좋아졌다.

리비아 라베이트, 스콧 젤, 매트 마키스, 캐런 맥그레인은 초고에 피드백을 주었다. 이들이 나를 위해 내준 시간과 피드백과 우정에 감사의 마음을 전한다.

나는 '판도'를 데브 차크라가 주최한 어느 미니 콘퍼런스에서 매슈 배틀스의 이야기를 듣고 처음 알게 되었다. 두 분에게도 고맙다는 말을 전한다.

마지막으로 가슴 깊은 곳에 있는 고마움을 인내와 응원과 사랑으로 함께해준 아내 엘리자베스에게 전한다. 이 책과 그 밖의 모든 것도 다 아내를 위한 것이다.

참고 자료

반응형 패턴 라이브러리

반응형 디자인에 패턴 라이브러리를 활용하는 단체들에 관해 더 많이 알고 싶다면, 내가 캐런 맥그레인과 함께 운영하는 '반응형 웹 디자인 팟캐스트Responsive Web Design Podcast'에 여러 편의 에피소드가 올려져 있으니 한번 살펴보기 바란다. 특히 우리 주제와 밀접한 관련이 있는 에피소드를 들자면, 매리엇Marriott(http://bkaprt.com/rdpp/06-01/), 코드 포 아메리카Code for America(http://bkaprt.com/rdpp/06-02/), 캐피털 원(https://bit.ly/2y4OhuS, https://bit.ly/2B9LphQ), 버진 아메리카(http://bkaprt.com/rdpp/02-23/), 우샤히디Ushahidi(http://bkaprt.com/rdpp/06-04/) 등과의 인터뷰를 꼽을 수 있다.

스타일 가이드 혹은 패턴 라이브러리를 구축하는 과정에 관심이 있다면, 수전 로버트슨Susan Robertson의 훌륭한 글 "스타일 가이드 만들기Creating Style Guides"(http://bkaprt.com/rdpp/06-05/)를 읽어보기 바란다. 또한 애나 데브넘의 《Front-end Style Guides》는 패턴 라이브러리를 어떻게 그리고 왜 만들어야 하는지 알려주는, 길지 않으면서도 훌륭한 입문서다(http://bkaprt.com/rdpp/06-06/).

애나 데브넘 이야기가 나온 김에 애나가 브래드 프로스트Brad Frost와 함께 운영하는 '스타일 가이드 팟캐스트Style Guide Podcast'도 소개한다. 이 팟캐스트에서는 기술적이고 시각적이며 조직적인 측면에서 패턴 라이브러리를 디자인하고 유지하는 방법을 살펴본다(http://bkaprt.com/rdpp/06-07/).

반응형 이미지

반응형 이미지에 대한 논의를 촉발한 시발점이 된 매트 마키스^{Mat Marquis}의 글은 시간을 투자해 읽어볼 것을 강력하게 추천한다 (http://bkaprt.com/rdpp/06-08/). 혹시 반응형 이미지 사양의 다양한 부분에 대해 알고 싶다면, 내게 큰 도움이 된 글 두 편을 소개한다. 에릭 포티스^{Eric Portis}의 "실무에서의 반응형 이미지^{Responsive Images in Practice}"(http://bkaprt.com/rdpp/06-09/)와 요아브 바이스^{Yoav Weiss}의 "네이티브 반응형 이미지^{Native Responsive Images}"(http://bkaprt.com/rdpp/06-10/)다.

스콧 젤^{Scott Jehl}의 《책임감 있는 반응형 디자인^{Responsible Responsive Design}》은 picture, srcset, sizes 등을 매우 상세하게 다루는 훌륭한 책이다. 이 속성들이 성능 측면에서 왜 그렇게 중요한지 논의한다 (http://bit.ly/37VKFHG).

더 많은 레이아웃 모듈

이 책에서는 지면이 부족하여, 우리가 활용할 수 있는 훌륭한 레이아웃 테크닉들을 전부 다룰 수가 없었다. 우리가 '플렉스박스'라고 부르는 가변적인 박스 모듈을 5장에서 간략하게 살펴보았는데, 플렉스박스에 대해 더 알고 싶다면 'FLEXBOX FROGGY' 코드 게임(http://flexboxfroggy.com)과 '모질라 개발자 네트워크^{Mozilla Developer Network}'의 플렉스박스 개요(http://bkaprt.com/rdpp/06-13/), CSS 트릭스^{CSS-Tricks}의 포괄적인 설명(http://bkaprt.com/rdpp/06-14/)을 추천한다.

한편 5장에서 언급했듯이 플렉스박스는 세부적인 작업에는 훌륭하지만 페이지 레이아웃에는 이상적이지 못하다. 감사하게도 그리드 레이아웃을 만들어내는 데 쓸 수 있는 'CSS 그리드 레이아웃

CSS Grid Layout'이라는 CSS 모듈이 있다. 이 모듈의 사양은 빽빽하지만 읽어볼 가치가 충분하다(http://bkaprt.com/rdpp/06-15/). CSS 그리드 레이아웃에 관심이 있다면, 레이첼 앤드루Rachel Andrew가 쓴 글들을 강력하게 추천한다(http://bkaprt.com/rdpp/06-16/, http://bkaprt.com/rdpp/06-17/). 더불어 레이첼이 CSS 그리드 레이아웃을 활용해 만든 눈부신 예제들도 살펴보기 바란다(http://bkaprt.com/rdpp/06-18/).

기타

오직 하늘만 활용해 대양을 항해한 파이어스 마우 피아일러그에 대해 더 알고 싶다면, 피아일러그가 1976년에 타히티로 항해한 내용을 담은 페이지(http://bkaprt.com/rdpp/06-19/) 혹은 '스미스소니언Smithsonian'의 전통 항해자 소개 페이지(http://bkaprt.com/rdpp/06-20/)를 보기 바란다. 위키피디아Wikipedia에도 피아일러그의 별 나침반과 그 동작 원리가 잘 소개되어 있다(http://bkaprt.com/rdpp/06-21/).

이 책 첫 부분에 등장하는 아름다운 나무 '판도'에 관한 훌륭한 자료는 웹에 아주 많이 있다. '아틀라스 옵스큐라Atlas Obscura'(http://bkaprt.com/rdpp/06-22/)부터 시작하면 좋다. 또한 기후 변화로 인한 가뭄, 질병, 병충해 때문에 조금 불안정해진 판도의 미래에 대해서도 알아볼 수 있다(http://bkaprt.com/rdpp/06-23/).

참고 URL

본문에 나오는 단축 URL을 순서대로 정리했다. 각 단축 URL은 다음 목록을 통해 확인할 수 있다.

1장 작은 시작

01-01 https://commons.wikimedia.org/wiki/File:FallPando02.jpg

01-02 http://www.nps.gov/brca/naturescience/quakingaspen.htm

01-03 http://www.jstor.org/stable/1312652

01-04 http://trentwalton.com/2012/02/02/redefined/

01-05 http://www.fieldmuseum.org/

01-06 http://www.audubon.org/

01-07 http://cooking.nytimes.com/guides/how-to-make-pie-crust

01-08 http://laphamsquarterly.org/

01-09 http://www.microsoft.com/

01-10 https://www.virginamerica.com/

01-11 http://www.adobe.com/

01-12 https://www.gov.uk/

01-13 https://playbook.cio.gov/

01-14 http://www.google.com/trends/2014/

01-17 http://responsivewebdesign.com/podcast/virgin-america.html

01-18 http://ushahidi.github.io/platform-pattern-library/

01-19 http://ux.mailchimp.com/patterns

01-20 http://www.starbucks.com/static/reference/styleguide/

01-22 https://commons.wikimedia.org/wiki/File:HMS_Dauntless_D33.jpg

01-23 http://us5.campaign-archive2.com/?u=7e093c5cf4&id=ead8a72012&e=ecb25a3f93

01-24 https://www.cisco.com/c/en/us/solutions/collateral/executive-perspectives/annual-internet-report/white-paper-c11-741490.html

01-25 http://www.comscore.com/Insights/Blog/Is-Mobile-Bringing-About-the-Death-of-the-PC-Not-Exactly

01-26 http://www.pcmag.com/article2/0,2817,2375047,00.asp

01-27 http://ben-evans.com/benedictevans/2014/4/25/ipad-growth

01-28 http://recode.net/2014/07/30/exclusive-interview-best-buy-ceo-says-tablet-sales-are-crashing-sees-hope-for-pcs/

01-29 https://www.reuters.com/article/us-google-glass-insight/google-glass-future-clouded-as-some-early-believers-lose-faith-idUSKCN0IY18E20141114

01-30 https://play.google.com/store/apps/details?id=com.appfour.wearbrowser

01-31 https://www.youtube.com/watch?v=sG008-SP_Ww

01-32 http://www.digitaltrends.com/computing/windows-8-1-preview-review/

2장 내비게이션

02-01 http://www.nlm.nih.gov/exhibition/avoyagetohealth/exhibition-legacy.html

02-02 http://happycog.com/

02-03 http://responsivenews.co.uk/post/18948466399/cutting-the-mustard

02-04 http://responsivenews.co.uk/post/50028612882/responsive-news-testing

02-05 https://github.com/filamentgroup/Overthrow/

02-06 http://www.lukew.com/ff/entry.asp?1514

02-07 https://web.archive.org/web/20130819090807/http://stephanierieger.com/a-plea-for-progressive-enhancement

02-08 https://github.com/filamentgroup/Ajax-Include-Pattern/

02-09 http://www.filamentgroup.com/lab/responsive-design-approach-for-navigation.html

02-10 https://developer.mozilla.org/en-US/Apps/Design/UI_layout_basics/Responsive_Navigation_Patterns

02-11 https://www.quora.com/Who-started-the-trend-of-using-the-hamburger-icon-%E2%98%B0-as-a-menu-button

02-13 https://raygun.io/blog/2014/07/making-svg-html-burger-button/

02-14 http://sarasoueidan.com/blog/navicon-transformicons/

02-15 http://time.com

02-17 http://thenextweb.com/dd/2014/04/08/ux-designers-side-drawer-navigation-costing-half-user-engagement/

02-18 http://blog.booking.com/hamburger-menu.html

02-19 http://blog.manbolo.com/2014/06/30/apple-on-hamburger-menus

02-20 http://www.lukew.com/ff/entry.asp?933

02-21 http://www.bbc.com/news

02-22 http://www.theguardian.com/help/insideguardian/2014/jul/11/-sp-navigating-the-guardian

02-23 http://responsivewebdesign.com/podcast/virgin-america.html

02-24 https://the-pastry-box-project.net/dan-mall/2012-september-12

02-26 https://www.filamentgroup.com/

3장 이미지와 동영상

03-01 http://the.hitchcock.zone/wiki/Alfred_Hitchcock_and_Fran%C3%A7ois_Truffaut_%28Aug/1962%29_-_Part_2

03-02 http://clagnut.com/blog/268/

03-03 http://www.bbc.com/news/business-33436021

03-04 http://unstoppablerobotninja.com/entry/hand-over-the-ring/

03-05　http://thisismadebyhand.com/

03-06　http://alistapart.com/article/creating-intrinsic-ratios-for-video

03-07　http://www.w3.org/TR/css3-box/#padding1

03-08　http://www.paulirish.com/2008/conditional-stylesheets-vs-css-hacks-answer-neither/

03-09　http://virb.com/

03-10　http://vox.com/

03-11　http://httparchive.org/interesting.php?a=All&l=Jul%201%202015

03-12　http://googlesystem.blogspot.com/2010/07/googles-stats-about-web.html

03-13　http://blog.cloudfour.com/how-apple-com-will-serve-retina-images-to-new-ipads/

03-15　https://youtube.com/watch?v=d5_6yHixpsQ

03-16　http://www.gq.com/

03-17　http://digiday.com/publishers/gq-com-cut-page-load-time-80-percent/

03-18　http://ricg.io/

03-19　https://html.spec.whatwg.org/multipage/embedded-content.html#attr-img-srcset

03-20　https://html.spec.whatwg.org/multipage/embedded-content.html#introduction-3:viewport-based-selection-2

03-22　https://github.com/scottjehl/picturefill

03-23　http://www.vox.com/2014/12/29/7458807/paul-krugman-economist

03-26　http://www.lars-mueller-publishers.com/en/programme-entwerfen

03-27　http://needmoredesigns.com/blog/early-responsive-design/

03-28　https://flic.kr/p/s7maT2

03-29　https://www.shopify.com/

4장 반응형 광고

04-01	http://depts.washington.edu/chinaciv/graph/tcommain.htm
04-03	http://blogs.ubc.ca/etec540sept10/2010/11/29/the-evolution-of-advertising-from-papyrus-to-youtube/
04-04	http://espressocoffee.quora.com/Coffee-timeline-A-literary-record
04-05	http://www.web-books.com/Classics/ON/B0/B701/15MB701.html
04-06	https://commons.wikimedia.org/wiki/File:Times_1788.12.04.jpg
04-07	https://www.flickr.com/photos/nesster/5511185739/
04-08	https://www.flickr.com/photos/42072348@N00/3049739879/
04-09	https://www.flickr.com/photos/91591049@N00/16587189580/
04-10	https://www.flickr.com/photos/nesster/14959218130/
04-11	https://www.flickr.com/photos/nesster/4822903313/
04-15	https://github.com/filamentgroup/AppendAround
04-16	http://product.voxmedia.com/2014/12/17/7405131/algorithmic-designhow-vox-picks-a-winning-layout-out-of-thousands
04-17	http://markboulton.co.uk/journal/responsive-advertising
04-20	https://www.thinkwithgoogle.com/research-studies/the-new-multi-screen-world-study.html
04-21	http://responsivewebdesign.com/podcast/vox.html
04-24	http://htmlads.monotype.com/
04-25	https://support.google.com/adsense/answer/3543893
04-27	http://www.thedrum.com/news/2014/02/25/mwc-advertisers-lag-behind-publishers-creating-responsive-design-experiences-says

5장 무한한 그리드 디자인하기

05-01	http://trentwalton.com/2012/02/02/redefined/
05-02	http://responsivewebdesign.com/podcast/virgin-america.html

05-04 http://getbootstrap.com/

05-05 http://foundation.zurb.com/

05-06 http://whitney.org/

05-07 http://www.experimentaljetset.nl/archive/whitney-museum-identity

05-08 https://archive.org/details/LittleNemo1905-1914ByWinsorMccay

05-10 https://www.youtube.com/watch?v=1uLWbuButIE

05-12 https://www.youtube.com/watch?v=ws5kGs_J-CM

05-13 https://vimeo.com/93206523

05-14 http://the12principles.tumblr.com/

05-15 http://www.frankanollie.com/PhysicalAnimation.html

05-16 http://product.voxmedia.com/2014/12/17/7405131/algorithmic-designhow-vox-picks-a-winning-layout-out-of-thousands

05-17 http://www.markboulton.co.uk/journal/anewcanon

05-18 http://owltastic.com/

05-19 http://tattly.com/products/burger

05-20 http://www.fieldmuseum.org/

05-21 https://developer.mozilla.org/en-US/docs/Web/CSS/flex

05-22 http://www.bondartscience.com

05-23 http://www.sbnation.com/a/march-madness-2014

05-24 https://www.theguardian.com/film/ng-interactive/2015/feb/20/what-it-really-means-to-win-the-oscars-best-director

05-25 http://alistapart.com/article/content-out-layout

05-26 http://responsivewebdesign.com/podcast/

05-27 https://developer.chrome.com/home/platform-pillar

05-28 http://convergese.com/

05-29 http://www.theguardian.com/

05-30 http://jakearchibald.com/2014/dont-use-flexbox-for-page-layout/

05-31 https://www.flickr.com/photos/cjmartin/8916609941/

참고 자료

06-01 http://responsivewebdesign.com/podcast/marriott.html

06-02 http://responsivewebdesign.com/podcast/code-for-america.html

06-04 http://responsivewebdesign.com/podcast/ushahidi.html

06-05 http://alistapart.com/article/creating-style-guides

06-06 http://maban.co.uk/projects/front-end-style-guides/

06-07 http://styleguides.io/podcast/index.html

06-08 http://alistapart.com/article/responsive-images-how-they-almost-worked-and-what-we-need

06-09 http://alistapart.com/article/responsive-images-in-practice

06-10 https://dev.opera.com/articles/native-responsive-images/

06-13 https://developer.mozilla.org/en-US/docs/Web/CSS/CSS_Flexible_Box_Layout/Basic_Concepts_of_Flexbox

06-14 https://css-tricks.com/snippets/css/a-guide-to-flexbox/

06-15 http://www.w3.org/TR/css3-grid-layout/

06-16 http://rachelandrew.co.uk/presentations/css-grid

06-17 http://rachelandrew.co.uk/archives/2014/06/27/css-grid-layout-getting-to-grips-with-the-chrome-implementation/

06-18 http://gridbyexample.com/

06-19 http://pvs.kcc.hawaii.edu/holokai/1976/ben_finney.html

06-20 http://www.smithsonianmag.com/smithsonian-institution/how-voyagekon-tiki-misled-world-about-navigating-pacific-180952478/?no-ist

06-21 http://en.wikipedia.org/wiki/Mau_Piailug

06-22 http://www.atlasobscura.com/places/pando-the-trembling-giant

06-23 http://www.smithsonianmag.com/science-nature/whats-killing-the-aspen-93130832/?all

찾아보기

background-size 속성 **90**
document.write( ) 구문 **130**
picture 요소 **113**
srcset 속성 **100**

ㄱ

가변 동영상 **81**
가변형 배경 이미지 **90**
계층 구조 **165**

ㄴ

내비게이션 슬라이드 **61**
네트워크 정보 API **98**

ㄷ

대역폭 **98**
드롭다운 메뉴 **44**

ㄹ

로블르스키, 루크(Luke Wroblewski) **61**

ㅂ

보이기/숨기기 토글 **31**
볼턴, 마크(Mark Boulton) **139**, **163**

ㅅ

소형 레이아웃 시스템 **14**
스타일 가이드 **21**

ㅇ

아치볼드, 제이크(Jake Archibald) **99**
어펜드어라운드 라이브러리 **137**
에디토리얼리 **173**
에이잭스-인클루드 패턴 **47**, **128**
오프-캔버스 메뉴 **42**
월턴, 트렌트(Trent Walton) **13**
이미지 연출(art direction) **115**

ㅈ

자바스크립트 테스트 **34**
점진적으로 드러내기 **63**
정보의 밀도 **169**
조건별 코멘트 **92**
조건에 따라 로드되는 메뉴 **44**
조건에 따른 로딩 **47**
종횡비(aspect ratio) **85**

ㅋ

캐러셀 **67**
컨테이닝 블록 **87**
키메로, 프랭크(Frank Chimero) **76**, **180**

ㅍ

패턴 라이브러리 **21**
폴백 **92**
프레임워크 **148**
    부트스트랩 **148**, **152**
    파운데이션 **148**, **152**

프로토타이핑 **70**
플렉스박스 **167**

ㅎ

햄버거 아이콘 **50**

어 북 어파트 소개

웹디자인은 다방면의 폭넓은 지식과 고도의 집중력이 필요한 작업이다. '어 북 어파트 A Book Apart' 시리즈는 웹사이트 제작자를 위한 것으로, 웹디자인과 관련된 최신 이슈와 필수적인 주제를 멋스럽고 명료하게, 무엇보다 간결하게 다루고 있다. 디자이너와 개발자는 낭비할 시간이 없기 때문이다.

또한 웹사이트 제작의 까다로운 문제를 좀더 쉽게 이해할 수 있도록 실마리를 제공해 궁금증을 해결해주고 실제 작업에 활용할 수 있도록 최선을 다하고 있다. 웹 전문가에게 필요한 도구를 제공하고자 하는 우리의 의지를 성원해주시는 것에 감사의 말을 전한다.